NMK

María von Touceda

Cinco lorzas metafísicas

Un ensayo sobre el cuerpo

H&O

Primera edición: septiembre de 2024

www.hyo-editores.com

Ilustración de la cubierta: Juan Francisco Casas
Diseño: Silvio García-Aguirre López-Gay
Maquetación: Fotocomposición gama, sl
Corrección: María Campos Galindo
Impresión: Arteos

ISBN: 978-84-128848-2-1
Depósito legal: B 15362-2024

A todas las personas que me han apoyado emocional y económicamente en estos tiempos tan duros para los románticos como yo

Para ser riguroso, hay que ser inexacto.

MARTIN HEIDEGGER

Prólogo

Natalia Zarco

Hace tiempo que venimos leyendo y reflexionando sobre el tema de la percepción del cuerpo en la sociedad occidental contemporánea. Ahora ese modelo, el de la sociedad occidental, es casi planetario. Una de las conclusiones más aterradoras de estas reflexiones es la que afecta a los sistemas de representación en los que estamos inmersos. Actualmente, ese sistema de representación ha alcanzado un nivel inquietante de homogeneidad, de totalitarismo, dentro del cual todos estamos (o nos sentimos) de alguna forma obligados o empujados, consciente o inconscientemente, a entrar dentro de unos determinados modelos, tanto físicos como de pensamiento. Suena a distopía terrorífica, sí, pero no hay más que echar un vistazo alrededor. Es como si para generar una especie de zona de seguridad, para revitalizar nuestra endeble autoestima, nuestra blanda personalidad aletargada, estuviéramos insensatamente contribuyendo entre todos a crear un espacio y un modelo en el que seamos exactamente iguales, pensemos igual, y vivamos de la misma manera. Un espacio del todo invivible. Es decir, en cuanto avancemos un poco más en el tiempo, como hizo H. G. Wells, nos habremos convertido en los «Eloi», una sociedad de seres bellos, rubios y delgados, claro; todos idénticos, ensimismados, hedonistas, sin escritura, sin inteligencia y sin fuerza física: un cuento de hadas, vamos. Aunque, con un poco de suerte, al menos seremos fast food para los «Morlocks», criaturas del subsuelo, feas, rechonchas, distintas, carnívoras y oscuras que el viajero de Wells relaciona, no lo olvidemos, con la clase trabajadora. En el término medio estaría la virtud, supongo.

Es obvio, entonces, que estamos atravesando un momento crítico, un momento previo a un derrumbe, y en mi opinión deberíamos aprovecharlo. Recuerdo el debate de hace unos años, relacionado con la exposición en Madrid de Daniel G. Andújar, «Trastorno de identidad», y poco después la exposición «Mortalmente herido», una colectiva de la galería Casa sin fin, que se planteó entre varios artistas sobre la necesidad imperiosa de reescribir el canon, de analizar con perspectiva y resignificar un contenido que ya no era válido en el momento actual, y que precisaba con urgencia una revisión, sobre todo para poner remedio a esa histeria, esa suerte de enajenación colectiva, que desde mediados del siglo XX llevaba inexorablemente al individuo a una especie de paroxismo en lo referente a su imagen personal. Se hablaba en aquel debate «... del canon no solo como regla y precepto, sino también como catálogo, lista, archivo; no solo como modelo de características perfectas "conforme al tipo ideal aceptado por los escultores egipcios y griegos", sino también, incluso, como espacio y medida de lo económico». El tema da para mucho, y no se está tratando con el suficiente rigor.

En este sentido, el texto que presenta María von Touceda me parece una pieza necesaria. Hay que atentar contra lo sagrado, es perentorio, y en eso María sabe desenvolverse con gracia y furor. Necesitamos voces como la suya.

«¿Es que ya nadie quiere ser quien es? En este caso, por ejemplo, ya no es solo el cuerpo lo que se quiere copiar, sino también la forma de hablar, el *pensamiento* y hasta los objetos que posee». Esta es una de las invectivas que lanza. La primera pregunta me parece deslumbrante. Abre un melón de dimensiones considerables que nos incluye a todos: ¿qué está pasando aquí? La base está clara, odiamos a los gordos, odiamos a los feos, a los diferentes, pero la cuestión de fondo es casi insondable, es ese abismo maldito que te devuelve la mirada. Hay un ente maléfico detrás de todo esto, hay un rumor de fondo, una nube púrpura en el ambiente, que nos está anestesiando y nos está llevando a la cueva de los Morlocks sin salvación. Sin embargo, solo sabemos enfrentar ese vacío inmenso tratando de convertirnos en él, de entregarnos a él en cuerpo y alma. Es una exigencia: «La calvicie o una dentadura imperfecta también son castigadas hoy, y no me extrañaría que, en un futuro cercano, conservar las facciones que heredaste de tu padre y de tu madre sin alterarlas en un quirófano se convierta en otro motivo de invalidación». ¿Quiénes queremos ser? ¿Qué pasa en una cabeza, en una mente, para pensar que una dentadura de anuncio de dentífrico, con pinta de postiza, te hace mejor persona? Von Touceda tiene razón en sus reflexiones, el problema es mucho mayor que el simple insulto o invalidación de un gordo, o de una persona no normativa (santo cielo, ¿qué es pues lo normativo?): el problema es la salud mental. Y eso son palabras mayores.

Esa cuestión, además, no viene sola. Si seguimos profundizando, ¿adónde llegamos?: «Para la sociedad de mierda que hemos creado, una de las personas más peligrosas que existen es aquella que no tiene complejos. El capitalismo se nutre de los complejos. Si estás conforme contigo misma, no gastarás en productos que prometen transformarte las cantidades de dinero que los engranajes de la picadora necesitan para seguir funcionando a pleno rendimiento». Una sombra mucho mayor se percibe detrás de todo esto, una sombra oscura, creciente, capaz de controlar todos los hilos y que dirige con una facilidad pasmosa todos y cada uno de nuestros movimientos: «"Odia tu cuerpo" se ha convertido en el mandamiento más importante del siglo XXI», escribe von Touceda; y sí, esa es la clave, ese es el mandato oscuro que nos lleva a comprar todos los productos que más nos insultan, ¿o acaso cuando buscamos un simple champú, no acabamos comprando el que nos indica que tenemos el pelo crespo, graso, sin brillo, lacio, casposo...?, ¿o las compresas que nos humillan indicando que las necesitamos para combatir el hedor de nuestra entrepierna? ¡Sí, señor! Somos criaturas feas, grotescas, pestilentes, peludas, casposas, enfermizas, y necesitamos productos de todo tipo para no parecerlo, para ser luminosas, feéricas, para fingirnos perfectas.

Y a partir de ahí, esa mancha oscura se extiende a todo lo demás, invade nuestra vida privada (lo que comemos, lo que vemos, lo que leemos, lo que follamos, lo que criticamos) y nuestra capacidad de razonar, de disentir, de revisar y de reescribir lo que nos somete: nos hemos convertido en el problema. Porque sí, porque es más sencillo estar sometido, acatar, recibir un guion escrito, una pauta, un modelo, encajar en el lecho de Procusto, que reinventarse cada día, *filosofear*, como dice von Touceda, cuestionar y sobre todo dudar. Así que creo que este pequeño ensayo, este manojo de reflexiones a flor de piel, la única forma (y ese es su valor) en la que von Touceda sabe hablar, desde las entrañas, es absolutamente necesario. Porque su voz no está estandarizada, no viene preconcebida para una audiencia concreta, no responde a criterios mercantiles o manidos, sino que surge de la experiencia propia, de sus carnes (magníficas), nunca mejor dicho, y lo más importante: no trata de convencer, sino de abrir mentes. Y qué mejor herramienta para eso, aunque suene casi reaccionario, que LEER.

NATALIA ZARCO

Cinco lorzas metafísicas

Las lorzas son adiposidades que cuelgan del cuerpo de alguien gordo, como si no formasen verdaderamente parte de él. Entidades *añadidas* que avergüenzan a algunos, por sentirlas ajenas, y que a otros nos enorgullecen, porque sabemos que sí que son nuestras. A veces, un beso en las lorzas es la prueba más irrefutable de amor verdadero, de un amor que te quiere por encima de las convenciones sociales que estipulan que los cuerpos válidos no deberían tenerlas.

Como gorda, entiendo que las lorzas tienen un gran peso, no solo literalmente, sino también en el plano metafísico, y por eso he decidido dedicarles los cinco grandes bloques que vertebran este ensayo, al que quizás también podríamos denominar *ensayo de ensayo*, al no ser yo una filósofa encriptada que escribe para sí misma, en términos solo descifrables para la élite del pensamiento, sino una escritora que *filosofea* sobre el cuerpo para llegar al mayor público posible.

Las lorzas de *Cinco lorzas metafísicas* hablan de sexo, drogas, redes sociales, arte y salud mental, pero no están totalmente definidas, por eso son lorzas y no abdominales. Soy más de dudar que de hacer *burpees*; mi pensamiento es fluido. No se pueden encasillar las ideas porque se entrelazan continuamente. Se trata de una metafísica para tallas grandes. Nos gusta ir cómodas con las ideas incómodas.

Si tu única meta en la vida es hacer *hauls* de Zara, mejor que te compres el nuevo libro de tu *youtuber* favorito, dejes este en la estantería y te alejes de él haciendo el *moonwalk*.

Primera lorza

Cuando se habla de culto al cuerpo solemos referirnos al aspecto exterior, a la voluntad de que, desde fuera, los otros perciban un físico trabajado, que se note todo el tiempo que esa persona pasa muchas horas en el gimnasio, aunque sea a costa de relegar el entrenamiento del cerebro a un segundo o tercer plano. Y es que a la mayoría de la gente le preocupa mucho más la *portada* que el interior —bien es cierto que los cuidados de ambas cosas pueden ir unidos, pero, por desgracia, no siempre es así.

A menudo se olvida que el deporte es una droga como cualquier otra, que engancha gracias a las endorfinas que producimos al practicarlo, unas sustancias que son, básicamente, opiáceos cuyo efecto nos hace sentir bien. No solo eso: el culto al cuerpo lleva a algunos supuestos deportistas a forzar el perfeccionamiento de su apariencia exterior mediante la ingesta de esteroides y anabolizantes, sin importarles que, a cambio, esos productos empeoren la salud interior. Pero nuestro cuerpo no es solo lo que proyectamos ante otras miradas, sino también los órganos internos, cuyo bienestar demasiadas veces olvidamos en pro de alcanzar aquello que algunos han determinado que sea el ideal de *belleza*.

Frente a esa idea mayoritaria, para definir la belleza me siento muy cercana al concepto griego *Kalos kai agathos*, que aúna los términos de *belleza* y *bondad* y con ello no solo se refiere a ser bondadoso con los demás, sino también con uno mismo, algo que no hacen quienes tratan su cuerpo de los modos que acabo de describir. Pero tampoco voy a ser una hipócrita al respecto, porque confieso que yo he consumido otro tipo de drogas en mi vida, drogas que me han hecho mucho daño tanto física como emocionalmente. Aunque me lo han hecho pasar muy bien. Recuerdo que un día, en una sesión de terapia, la psicóloga me preguntó sin el más mínimo tacto si consumía drogas para adelgazar. La pregunta me sorprendió mucho, sobre todo porque en aquella época no me consideraba una persona gorda. El caso es que le contesté que no, que solo las tomaba porque me gustaba ponerme bien ciega.

Sin embargo, como sabemos, y yo ya sabía entonces, todas las drogas hacen daño. En primer lugar, golpean el hígado —que, como no nos lo vemos ni sabemos para qué sirve, nos da un poco igual—, pero también cercenan muchas otras partes del cuerpo. Por ejemplo, entre drogadictos, esnifar se considera una cosa liviana que casi ni se toma en serio en comparación con otras prácticas más duras, cuando en realidad es una acción que, además de atacar directamente al tabique nasal, se realiza en una zona tan cercana al cerebro que, si los cocainómanos se parasen un segundo a pensarlo, la mayoría no la haría. Por desgracia, aparentemente el cerebro es otro órgano casi tan olvidado como el hígado. Todos sabemos que tenemos uno, claro, pero muchas personas no alcanzan a valorar que forma parte de su cuerpo y puede ser dañado y destruido.

Tampoco parece que tengamos demasiado en mente el bienestar de nuestros pulmones cuando nos dedicamos a matarlos cigarrillo a cigarrillo, con cada calada de un chino, una base o un pipazo, tal vez porque su gran resistencia nos permite respirar más o menos con normalidad mientras somos jóvenes, salvo quizás al subir una de esas cuestas que los llevan al límite su rendimiento. Ahora recuerdo, o no sé si decir que fue un sueño, la imagen del escritor Terenci Moix, ya moribundo en el hospital, sacándose la máscara de oxígeno para darle una calada a un cigarrillo. Sé que la escena puede parecer una aberración, pero para mí constituyó una imagen hermosísima, por su cariz romántico. Si yo me viese en la misma disyuntiva que Moix —eso sí, mi enfermedad debería ser la tuberculosis, que es de lo que siempre he ansiado morir—, también escogería fumar, aunque luego tosiera sangre en un pañuelito de algodón egipcio con prímulas de encaje.

Inyectarse estupefacientes como la heroína en las venas es otra forma bien bonita de hacer daño al cuerpito. Hay muchas personas que aseguraban tenerle miedo a las agujas hasta que de pronto se vieron rodeadas de colegas que se pinchaban, y lo probaron. Mi madre siempre me dice —parezco Forrest Gump— que conviene andarse con cuidado al escoger tus relaciones y amistades, porque existe el riesgo de acabar normalizando actitudes que en realidad no son nada normales. Chutarse drogas duras puede ser el día a día de alguien, pero eso no hace que deje de suponer un daño directísimo al propio cuerpo, sobre todo a causa de su ilegalidad: puesto que el Estado no ejerce ningún control sobre su calidad o pureza, consumirlas se convierte en una ruleta rusa. Además, la mayoría de los yonkis no manejan ni los más básicos conceptos de anatomía humana, ya no digamos de sanidad, por lo que al drogarse cometen verdaderas aberraciones contra sí mismos, impulsados en parte por la ignorancia y en parte por la desesperación. He visto brazos con abscesos más profundos que la mirada que te devuelve el abismo, y una vez incluso contemplé una muñeca atravesada por un agujero tan grande que parecía que el mismo Cristo hubiese descendido de la cruz y se hubiese sacado uno de los clavos allí mismo. Imaginad cuán enorme ha de ser el dolor emocional que siente una persona para autoimponerse un daño físico de tal calibre.

¿Qué lleva a alguien a agredir a su cuerpo drogándose? Los motivos son variados: a menudo la persona empieza a consumir arrastrada por el entorno y después aumenta paulatinamente las dosis para conseguir que la droga pegue cada vez más. Pero hay otro factor importante, y es que la pura estética del proceso y la cultura forjada a su alrededor en el cine, la música o la literatura también facilitan el enganche. Así, existen un montón de películas que exhiben este tipo de inyecciones en primeros planos tan detallistas que, al verlos, un drogodependiente o exdrogodependiente casi puede degustar el sabor amargo de la droga en la boca. Ver tu propio brazo apretado por un cinturón es una imagen cuya crudeza tiene el poder de atrapar la fantasía de algunos. De hecho, es lo último que muchos han visto antes de morir, y quizá gracias a eso hayan logrado descansar en paz al fin.

Recuerdo una prostituta de poco más de veinte años que se metió a inyectarse porque, para ella, preparar los chutes era algo parecido a jugar a las cocinitas de la Barbie. Su piel era muy blanca y, como por la mañana trabajaba en una gestoría, tenía que ir de manga larga hasta en verano. Sus brazos estaban destrozados por completo, pero se las arreglaba para llevar los labios siempre perfectamente pintados de un rojo fascinante. Por sí solo, a una mirada observadora ese color ya le contaba muchas cosas acerca de su vida, cosas que no podían pronunciarse en voz alta. Era muy presumida a la hora de vestir, en su estilo, claro. A simple vista daba la impresión de cuidar mucho su cuerpo. Estaba delgada. Parece mentira, pero ese era su poder. Tenía una personalidad muy débil y no era muy lista. Aunque su sueldo le habría podido costear una vida sin problemas, se prostituía para cubrir las necesidades de dos novios que la parasitaban. Nadie sospechaba que bajo aquella apariencia aseada y sexy se escondía alguien que se agujereaba las venas a diario, hasta que ese delirio la arrastró a la muerte.

¿Tenía esa chica un cuerpo bonito? A sus clientes sí se lo parecía, siempre que no dirigieran la mirada hacia sus brazos. A sus dos novios también se lo parecía. A los hombres que la miraban por la calle también. No era fea y estaba delgada. Entonces, ¿se trataba de un pibón? Parece que así era.

A veces pienso que el cuerpo de una puta, o de cualquier mujer, resulta más atractivo a los hombres cuanto más sienten que podrían partirlo follando. ROMPERLA. Una mujer menuda a la que sea más fácil someter. Sentirte tú más macho, más cercano a un animal. Quien acude a las prostitutas no busca ningún tipo de reto. Simplemente compra un cuerpo durante un tiempo estipulado. Un alquiler de oquedades para llenar su propio vacío y ejercer el poder sobre alguien.

Pero parece que es lícito prostituirse en nombre de la libertad individual.

Si la madre de aquella chica le hubiese visto los brazos, no habría opinado lo mismo que los puteros acerca de la supuesta belleza que desprendía la fragilidad de aquel cuerpo. ¿Dejó un bonito cadáver? En cierto modo, sí. Una hermosura probablemente más debida a la juventud que a la extrema delgadez, reflejo de una vida fugaz, abocada al fracaso, que forjó su propia condena justo allí donde intentó buscar la libertad.

Cuando se apela a la libertad de toda mujer para hacer lo que quiera con su cuerpo, se suele obviar el contexto en que se encuentra al tomar una u otra decisión. «Lo hacen porque quieren»: estoy un poco harta de escuchar esta frase. He convivido con muchas prostitutas y nunca he conocido a ninguna que estuviese libre de traumas. No niego que existan otras realidades, pero yo no me he cruzado con ellas, y no será porque no me haya pateado a fondo todo tipo de arrabales.

Paula era una puta portuguesa que pesaba más de ciento veinte kilos. La conocí en un centro de desintoxicación. Se suponía que le tocaba dormir en la litera superior a la mía, pero, como aquellas eran unas camas de mierda, la convencí para intercambiarnos las plazas. La gente le echaba cuarenta y pico años, cuando no llegaba ni a la treintena. Era muy guapa, pese a que casi nadie se fijaba en las facciones de su rostro. Tenía bastante vello en la papada y en el bigote, así que cada varios días se afeitaba con cuchilla. Era muy coqueta, aun llevando esa barba tan espesa. También era muy enamoradiza. Cualquier hombre que fuese amable con ella se ganaba su corazón. Supongo que en la vida habría aguantado un montón de palizas de sus chulos. Decía que siempre acababa con el que menos le pegaba. Sus clientes solían ser ancianos, porque se suponía que era una puta *barata* por su condición de gorda. Una noche me contó que a la mayoría de ellos no se los follaba. Se colocaba el rabo entre los gruesos muslos y solo con el roce ya se corrían. Ni se enteraban de la treta. Se partía de risa. Supongo que para una puta cobrar sin follar es todo un triunfo. Y si son tus carnes —las mismas carnes que te desacreditan como mujer y como prostituta— las que te salvan, pues mejor aún.

Una vez comenté esta historia en una red social, presentándola como un hecho que me había sorprendido en su momento. Pues bien, en el hilo de comentarios, un hombre que estaba casado con una obesa mórbida escribió que yo era una puritana y que no tenía ni idea de follar. Me quedé loca con semejante respuesta, hizo que me plantease si quizás yo era la única gorda del mundo que no utilizaba sus lorzas como fuente de placer. Y aunque el recurso esté ahí, a mano, la verdad es que sigo sin hacerlo. A lo mejor es porque a mí aún se me encuentra la cona, no sé.

En otra ocasión me encontré con un examante por la calle, el típico heavy de toda la vida que antes llevaba una melena con un pelo brillantísimo hasta el culo. Me lo había follado en unas fiestas de Ribeira, sin mediar palabra. Lo vi en un bar, me gustó, lo cogí del brazo y lo metí en el baño. Qué fáciles se ponen los cuerpos de los hombres en las fiestas de pueblo. Tras acabar un polvo bastante salvaje me advirtió, sonriendo, que afuera estaba su novia. Pasados unos meses lo vi sentado en las escaleras de mi facultad y sentí la vergüenza que no había sentido aquella noche. Poco después, quedé con una amiga que me quería presentar insistentemente a su nuevo ligue. Nada más ver la cara que puse al llegar, gritó: «¡Hija de puta, ya te lo has follado!».

Pues claro que me lo había follado. Entre la preadolescencia y la juventud me follé a todos vuestros novios.

El tío resultó ser un pringado, alguien incapaz de cortar la relación con una novia a la que ya no amaba mientras iba dejándose las bragas de otros ligues en la casa que compartían. Para colmo ella, a sus veintipocos, no paraba de repetir que tenía miedo de «quedarse sola». A mí eso me tenía alucinada. Cuando por fin decidió dejarlo, previo avistamiento de un tanga en el sofá, mi amiga no paraba de llorar porque esa misma semana había comprado una oferta enorme de papel higiénico y tenía un armario rebosando de rollos que me enseñaba entre lágrimas.

A ese tipo lo saludé en la calle al cabo de muchos años sin vernos. La conversación fue breve:

—Hombre, María, cuánto tiempo. Te veo más gorda.

—Y yo a ti más calvo —contesté, rauda y veloz.

—Joder, cómo eres.

—No, cómo eres tú. —Y me largué.

Así es como un mindundi de mierda se cree en posición de juzgar tu cuerpo sin ni siquiera mirarse antes el suyo.

Por desgracia, no se trata de una excepción. Es bastante habitual que la gente no reconozca sus defectos y en cambio se considere con derecho a señalarte a ti que estás gorda, posiblemente porque hablamos de un rasgo muy visible.

Otro ejemplo le pasó a una amiga que estaba ligando con un hemipléjico, cuando este le hizo saber a las claras que estaba «muy gorda». Por supuesto, no por ser un tullido tiene que gustarte a la fuerza cualquier mujer que se interese por ti, pero si tu aspecto recuerda al de un *moñeco*, a lo mejor te lo deberías hacer mirar antes de ir señalando a los demás por sus características físicas —aquí la rabia me ha tentado a escribir «puto tullido de mierda», lo reconozco, cuando en realidad no creo que jamás se deba insultar de ese modo.

Da igual cómo sea el cuerpo del juez de turno, si es un calvo o sus piernas no funcionan... Si tú no cumples con una mínima delgadez, su mirada condenatoria se fijará inevitablemente en ti, que, como además de gorda eres mujer, estás obligada a aguantar todo lo que te echen.

Hace poco vi en Instagram un *reel* de esos que consisten en *entrevistar* a personajes anónimos por la Gran Vía de Madrid. En aquel caso le preguntaban a una chica cuánto necesita cobrar un hombre para que ella acceda a salir con él. «Seis mil euros al mes», respondía, justo antes de confesar que estaba en el paro.

Algo pasa que la gente solo mira hacia afuera. La introspección no está de moda.

Entiendo que a veces el odio nos arrastre a insultar a una persona, y que para eso recurramos al primer punto débil que detectemos en ella: la nariz grande, el acento extranjero, el peso... ¿Quién no lo ha hecho en un momento de enfado sin control?

Pero lo que yo quiero señalar es que a los gordos ni siquiera hace falta odiarlos o enfadarse con ellos para atreverse a insultarlos. Asumámoslo: simplemente, no ser una talla estándar es un hecho que molesta al mundo. Si encima tu actitud delata que el sobrepeso no te provoca mayor problema, trauma o vergüenza, te convertirás en un doble desafío para los guardianes de la *normalidad*, y se entiende: no van a estar todo el día comiendo quinoa y matándose en el gimnasio para que después vengas tú, que te has puesto de churrasco hasta las patas, a derrochar felicidad en su puta cara. No te lo permitirán.

Para la sociedad de mierda que hemos creado, una de las personas más peligrosas que existe es aquella que no tiene complejos. El capitalismo se nutre de los complejos. Si estás conforme contigo misma, no gastarás en productos que prometen transformarte las cantidades de dinero que los engranajes de la picadora necesitan para seguir funcionando a pleno rendimiento. Entonces te convertirás en enemiga y como tal serás señalada y vilipendiada.

El primer problema que afrontarás en tu condición de gorda es que te resultará tremendamente difícil vestir a tu gusto. El mercado te permitirá llevar prendas feas de señorona, pero encontrar ropa bonita de tu talla en un establecimiento cercano resultará casi imposible. En mi caso, que vivo en Cantabria, no puedo comprar nada que me entre en ninguna tienda de la capital, ya ni hablemos de los pueblos, y no será porque aquí falten mujeres gordas. Antes, al menos podía recurrir a H&M, aunque, eso sí, la sección de tallas grandes no era igual que la línea *normal*, sino que ofrecía unos diseños distintos, más feos y menos modernos. Ahora ni siquiera me queda esa posibilidad, dado que la marca canceló la sección. Eso no es todo. Durante una época en que —de manera natural— adelgacé lo bastante para encajar en la talla XL de la colección *normal*, descubrí que esa talla tampoco suele encontrarse en las tiendas. Y es que las gordas también molestamos en los establecimientos de venta al público. Así que todo mi vestuario lo tengo que adquirir en internet. Ahí, escondida tras la pantalla, sin incomodar a nadie con mi gruesa presencia y sin poder probarme las prendas o comprobar mediante el tacto las calidades de las telas.

En los últimos años, muchas tiendas se han apuntado a vender camisetas estampadas con mensajes feministas. Aunque sepa que no las compraré, siempre que las veo expuestas en baldas o percheros me detengo un momento para comprobar que, salvo escasas excepciones, solo se ofrecen tallas hasta la L. Es curioso ese feminismo tejido por el capitalismo, ¿no? Es broma: me produce cero sorpresas. Ahora bien, panfletos, los mínimos. Esas camisetas no me servirían para nada. Si lo que quiero es expresarme a través del feminismo, una sola de mis lorzas afirma mucho más que cualquiera de ellas.

Hay algo muy combativo en el hecho de estar gorda. O quizás lo que sucede es que engordar te aboca a la necesidad de combatir.

¿Se es gorda o se está gorda? Alimentar la creencia —muchas veces falsa— de que tu gordura será algo temporal solo contribuye a fortalecer el autoodio, a volverlo más difícil de eliminar. Pero no es sencillo renunciar a ella, porque socialmente está mal visto aceptar la propia gordura, puesto que eso equivale a dejar de luchar contra la grasa. Estar cómoda con tu grueso volumen es algo inaceptable para algunos. Son los mismos que, en su empeño por condenar tus lorzas, decidirán atribuirte rasgos tan disparatados como falta de higiene, absoluta dejadez vital, depresión, abandono de ti misma... Todo ello porque no comprenden que hay miles de causas posibles por las que alguien puede aumentar de peso y que cada persona sabe cuál es la suya al margen de los juicios ajenos que se empeñen en imponerle otras. Si eres obeso, millones de personas a quienes les sudas la cona por completo fingirán preocuparse por tu salud. Ese *preocuparse por tu salud* no es más que enmascarar de buen rollo un comportamiento totalmente insultante.

A lo mejor alguna vez yo también piense con preocupación en la salud de alguien que pesa trescientos kilos. PIENSE, sin más.

Ni siquiera los médicos se molestan en evitar este tipo de juicios de mierda. Si visitas a un oculista o un dentista, probablemente te comunicarán que deberías adelgazar. Incluso las enfermeras y los auxiliares de clínica sienten que la bata les otorga la potestad de prescribirte la obligación de perder kilos. Y sí, no hay duda de que mantener un peso equilibrado es más saludable que la obesidad, pero vivir en paz con una misma también es muy bueno para la salud. «¿Aunque el sobrepeso reduzca tu esperanza de vida?», os preguntaréis. Mi respuesta es que sí: aunque aumente el riesgo de morir antes.

Cuando en cualquier situación te encuentras con un imbécil, nunca lo interpelas de buenas a primeras con un «tienes que pensar» o un «creo que estás muy idiota, deberías reflexionar más sobre todas esas gilipolleces que sueltas. Te lo digo por tu salud». A fin de cuentas, ¿acaso hay algo más saludable que tener dos dedos de frente? Eso y tener educación, claro —no me refiero a estudios reglados, sino a saber relacionarte con los demás sin faltarles al respeto—. Y, sin embargo, no decimos esas cosas.

Entonces, ¿cómo es posible que la adiposidad que rodea tu cuerpo, que forma parte de él, pueda disminuirte como persona? ¿En qué momento sucedió esto? Un vistazo a la historia del arte nos ayuda a intuir cuál fue la evolución de los sucesivos cánones de belleza y normalidad a lo largo del tiempo.

La *Venus de Willendorf*, famosa estatuilla del paleolítico que será mi próximo tatuaje, representa con total fidelidad el aspecto actual de mi cuerpo. ¿Cómo no voy a estar orgullosa de él si en una época lo consideraron digno de ser tallado con tanta admiración? El mío es un cuerpo con muchos referentes. No diré que me sienta una diosa, pero sí que encuentro una belleza compartida en esa figura, en el canon que propone, en su disposición.

Hace un tiempo, trabajé junto a un ilustrador en un proyecto artístico en torno a la *Venus* que finalmente no prosperó. En aquellos días, tuve que insistirle a mi compañero en que la figura tiene el pecho caído, ya que él se empeñaba en dibujarle unas tetas totalmente turgentes, y eso que como referencia utilizaba un modelo de la escultura impreso en tres dimensiones. Aun así, el ilustrador no era capaz de trazar —y eso que era bastante bueno— unas tetas con caída natural. Aunque, bien pensado, no es tan raro. A fin de cuentas, puede que no hubiese visto unas así en su vida. Y anda que no hay. Pero la mayoría de las modelos y actrices que muestran los medios exhiben unos pechos *perfectos*, aptos para un imaginario masculino que luego siempre se decepciona al descubrir que los de la chica de al lado son diferentes.

Varias veces me he encontrado con amantes que se sorprendían al descubrir mis tetas flácidas. No hay gravedad que soporte este tamaño y desde muy joven uso una talla enorme de sujetador. Pues bien, al desnudarme he tenido que escuchar a menudo lo de «tienes el pecho caído». ¿A qué clase de hombre se le puede ocurrir que eso es algo que decir al principio de un encuentro sexual? En las ocasiones en que opté por seguir adelante a pesar del comentario, la frase no paraba de regresar a mi cabeza, haciendo que me preguntase si estaba follando con un auténtico subnormal. De hecho, así era.

Después de la pandemia no he vuelto a aguantar los sujetadores de aros. Ahora uso una especie de tops que «no te hacen el pecho tan bonito», pero al menos no son una puta tortura. Incluso puedo dormir con ellos. No sé por qué durante tantos años me puse los otros, esos trastos con dos alambres definiendo la forma de la copa. ¿Quién quiere llevar objetos de metal, aristados y con tendencia a clavarse en una zona tan delicada? ¿Por qué no me lo planteé antes? Nuestro cuerpo, la materia que alberga lo que somos, ha de sentirse lo más cómodo posible. Cualquier hombre lo sabe, pero no todas las mujeres entienden que sí pueden despojarse de las ataduras patriarcales sin perder por el camino aquello que solemos llamar *feminidad*, un concepto que, no lo olvidemos, ha sido representado de múltiples maneras. Por ejemplo, cuando yo ando sin sujetador, algo que hago a menudo, mi apariencia recuerda a la ojáncana, una figura femenina de la mitología cántabra, parecida al yeti, que lleva los pechos echados a la espalda. A las brujas también se las representa a menudo con el pecho caído. No es casualidad.

Las piernas son otro campo de batalla. Llevo toda la vida escuchando que los tacones las estilizan, pero ¿para quién es esa estilización? Porque, desde luego, la persona que porta los tacones no disfrutará de ella a menos que camine mirándose a cada paso de cintura para abajo. Al contrario: todo el tiempo que el uso del calzado se alargue más allá del primer vistazo rápido en el espejo se lo pasará sufriendo por su culpa.

«Para presumir hay que sufrir» es una de esas frases que son puro cáncer de sida. Y sin embargo ahí está, grabada en las mentes de todas las mujeres de mi generación y de muchas anteriores, tan normalizada que no te paras a pensar en la aberración que supone. Los corsés, las fajas o el pie de loto, por no hablar del hambre y las cirugías... ¿Te sometes a esas torturas para verte bien tú, o porque crees que así obtendrás una mayor validación?

Este dilema lo experimenté durante una época con el vello corporal. Tenía muy claro que no me desagradaba vérmelo, pero era incapaz de mostrarlo en público. Conocía la teoría, sabía perfectamente qué era lo correcto. Pese a ello, actuar en consecuencia fue un logro que me requirió tiempo. Tardé muchos años en hacerlo. Cuando por fin me liberé, tuve que aguantar la reprobación de personas cercanas. Aunque fueron las menos, las hubo. Personas que me quieren muchísimo, estoy segura, pero que por culpa de esos prejuicios enquistados no conseguían alegrarse porque yo me hubiera deshecho de ellos. Personas que durante todo el tiempo en que escribí este libro me intentaban convencer de ponerme un balón gástrico. En cambio, a mi pareja le dio exactamente igual. Es más, cuando hicimos un viaje con su familia, le pregunté si le molestaba que sus padres me viesen peluda. Estaba dispuesta a depilarme para la ocasión en caso de que le incomodase. Él contestó que le daba igual.

Aquel ofrecimiento mío os podrá parecer un paso atrás y, de hecho, lo fue: incomodarme yo por no incomodar al resto. ¿Por qué lo dije? Supongo que me importaba evitar que el viaje tuviese alguna implicación negativa para la persona que quiero. Claro que si le quiero es porque siempre me da este tipo de respuestas. Mucho mejor para mí, que pude pasar aquellos días libre de sufrimiento. Bastante sufrimos ya por toda la mierda que nos rodea.

Aunque también es *lícito* estar gorda y odiar tu cuerpo, o qué sé yo. Me refiero a que, si hay quienes se sienten así, lo que menos desearía hacer es dedicarme a machacar a esas personas. Probablemente sean las que peor lo pasan con los comentarios gordofóbicos y con el canon físico que imponen las redes, sobre todo cuando no tienen dinero para costearse los cambios que desearían. Tal y como están los precios, mantener una alimentación sana a diario es un lujo total, lo mismo que pagar la cuota periódica de un buen gimnasio. Ya ni hablemos de aplicarse tratamientos más costosos o someterse a una cirugía. «Odia tu cuerpo» se ha convertido en el mandamiento más importante del siglo XXI.

En este sentido, últimamente se ha vuelto un tópico leer en artículos y ensayos que la gordura ahora es una cuestión de clase. Y sí, es cierto que hace falta tener mucha clase para sobrellevar sin traumas esta condición. Bromas aparte, la afirmación se refiere al estrato social, más vinculado al sobrepeso cuanto más bajo. Sin embargo, esto no siempre fue así. Todos hemos crecido con las ilustraciones que mostraban a los poderosos como hombres entrados en carnes. Hace cien años, Castelao dibujaba a los políticos y empresarios caracterizándolos con grandes barrigas. Antes era la clase pudiente la que estaba gorda, puesto que podía permitirse cometer excesos con la comida y las rentas la eximían de cualquier trabajo que requiriese esfuerzo físico.

Otros caricaturistas del pasado representaban a los ricos como cerdos bien rechonchos. Es curioso que la metáfora del cerdo acompañe siempre a los gordos. Aplicada a los capitalistas, significa que son malas personas. Cuando se refiere al resto de nosotros, sirve para acusarnos de falta de higiene. Esta asociación es un estigma más que sumar a las habituales sospechas que nos toca aguantar acerca de nuestra supuesta dejadez corporal. Qué palabra, *dejadez*, como si tener un cuerpo exigiese una vigilancia estricta para no saltarse el canon. ¿Es el cuerpo una prisión? Pues para muchos sí. Vivir así tiene que ser una pesadilla. Supongo que por eso no soportan que otras personas nos saltemos esa vigilancia: «Si yo estoy jodida, tú también». Cenar solo un yogur tiene que agriar el carácter. Pasar hambre en el primer mundo es una actitud bastante esnob.

Que el sufrimiento forma parte de la existencia humana constituye una certeza en la que se basan casi todas las religiones: es una de las cuatro verdades de Buda y la espina dorsal del catolicismo. Si Dios fuese todo bondad, ¿cómo justificar que no aparte el Mal de nosotros? Ahora bien, esto no quiere decir que todo cuanto nos hace sufrir sea bueno, nos acerque más a Dios o nos eleve espiritualmente. Tenemos derecho a rascarnos la cona bien repanchingadas en el sofá mientras comemos una bolsa de Doritos. ¿Y por qué iba a ser todo *healthy*, *light* o eco? La estampa de una gorda tirada en el salón es percibida como algo negativo, pero ¿acaso grabarse haciendo *burpees* en el gimnasio es mejor? A mí, sinceramente, me parece del todo ridículo. En realidad, que se promueva esa imagen de esfuerzo mientras se ridiculiza la pereza se debe a una sencilla razón: la productividad manda. Ir vestida de fosforito, bien embutida y sudada, es el arquetipo de una mujer de bien, organizada, que saca tiempo para cuidar su salud y probablemente lleva en la mochila una barrita energética o una tortita de arroz para reponer fuerzas. Ah, pero luego se dará un atracón y se sentirá mal. Mañana en el gimnasio tendrá que trabajar el triple que hoy.

¿Qué pensamos de la gente que desayuna claras de huevo? ¿Qué ridiculez es esa? ¿Dónde está el límite entre salud y subnormalidad? La decadencia de Occidente es una tortilla de claras de huevo.

No entiendo cómo hemos llegado hasta aquí ni por qué seguimos avanzando hacia la estupidez más absoluta. Hemos convertido la sociedad en un conjunto de idiotas. Y lo peor es que cuanto más imbécil seas, más probabilidades tendrás de triunfar.

En medio de tanta idiocracia, existen personas pensantes que no paran de sufrir. A ojos de los demás, sus principios y valores no sirven para absolutamente nada. En esta jerarquía, los gordos ocupamos el escalón más bajo. ¿Qué digo escalón? Estamos en las mazmorras, porque ¿de qué valen todo tu bagaje y lo que podrías aportar al mundo cuando tienes LORZAS? Es bien sabido que las lorzas te invalidan como persona. Pero nadie debería creerse a salvo de recibir un trato parecido. La calvicie o una dentadura imperfecta también son castigadas hoy, y no me extrañaría que, en un futuro cercano, conservar las facciones que heredaste de tu padre y de tu madre sin alterarlas en un quirófano se convierta en otro motivo de invalidación. O llevar calzado deportivo que te haya costado menos de doscientos euros.

Ser joven ahora tiene que ser una auténtica pesadilla, saberse sin futuro y vivir en este presente de mierda. La presión sobre los cuerpos y el cuestionamiento constante de la identidad abarrotan las salas de espera de los psicólogos, que no dan abasto. Nadie quiere ser quien es, y eso es durísimo. Aunque es todavía más duro que te obliguen a luchar por ser aceptado siendo tú mismo. Suben los índices de trastornos alimenticios y de suicidios. Nunca tuvimos tanta información a mano y de nada sirve. Como siempre, también esto es una cuestión de clase.

Es curiosa la necesidad de opinar de la gente. Las personas delgadas, por ejemplo, se parecen mucho a las que tienen perros. Si tú escribes ni que sean dos líneas en redes sociales sobre lo guais que son los michis, ten por seguro que algún dueño saltará a comentar algo sobre razas caninas o compartirá una foto de su perro en el mismo post. No lo pueden evitar. Pues bien, cuando escribes algo acerca de la gordofobia sucede lo mismo: nunca faltará quien se sienta obligado a aclararte que la gente flaca también sufre y bla, bla, bla... Claro que todos sufrimos en este asco de mundo, pero no hay punto de comparación entre lo que tiene que aguantar una gorda y una delgada. Para comprobarlo basta con echar un vistazo a Instagram, donde incluso las fotografías que revelan casos muy graves de anorexia registran siempre más de una alabanza entre las respuestas.

Primera lección: los comentarios sobre los cuerpos de los demás te los puedes meter por el orto, ya sean positivos o negativos, porque nunca sabes qué ha provocado cualquier cambio en la morfología ajena. La gente engorda o adelgaza a causa de problemas como la depresión, la ansiedad, un duelo... Y no es agradable escuchar que «estás/se te ve más guapa» cuando el motivo de la transformación es algo que te atormenta.

¿Qué nos lleva a opinar sobre el aspecto de otra persona? Todos lo hemos hecho alguna vez, para qué negarlo. Desde pequeños, escuchamos ese tipo de valoraciones en boca de los adultos. Abandonar una costumbre tan arraigada requiere esfuerzo. Es algo aprendido que hay que desaprender. De hecho, sigue habiendo quienes no ven nada malo en ello. Para defenderse, utilizan argumentos del tipo «es mi opinión». Pues no nos importa tu opinión, ni sobre esto ni sobre nada, a menos que escribas un ensayo sobre el tema, lo veamos en una librería y nos lo compremos. Entonces, vale. Mientras tanto, si te quedas callado mucha gente pensará que no eres subnormal, y ese es el mayor logro que vas a conseguir en la vida.

Ahora bien, una cosa es opinar sobre los cuerpos ajenos y otra muy distinta cuestionarse qué causas externas o profundas conducen a las personas a modificar su anatomía hasta forzar ciertos límites.

He de reconocer que a veces dudo de mi postura, que llego a preguntarme si el problema de las gordas como yo no será una simple cuestión de actitud. ¿Tenemos la piel demasiado fina y por eso nos molesta todo? ¿Vale la pena darle tantas vueltas al asunto? ¿No bastaría con decirle que nos deje en paz en la puta cara a aquel que nos insulte? Pero, claro, luego pongo el telediario y descubro que ya hay miles de niños y niñas que padecen anorexia con apenas nueve años por culpa de las redes sociales. Es entonces cuando me reafirmo en mis convicciones: no, no es una cuestión de actitud. Tanto el diagnóstico como los posibles remedios sobrepasan el ámbito individual. No soy yo quien se tiene que rebelar directamente y en solitario contra el opresor. O, bueno, puede que yo sí deba hacerlo, pero para un crío eso es imposible, porque aún no dispone de las herramientas necesarias. Es inaceptable que el engranaje social ejerza tanta presión sobre los cuerpos de los niños. Solventarlo es urgente.

Sin duda, aquí se combinan varios factores. Para empezar, no creo que las redes sociales sean un entorno adecuado a esas edades. Como no soy madre, no sé hasta qué punto son los mismos niños quienes desean o exigen entrar en ellas, aunque imagino que así debe ser en muchos casos. En principio, podría parecer fácil contestarles con una negativa, pero dudo que lo sea tanto, sobre todo si estás exhausta y solo quieres que te dejen tranquila un rato. ¿Y quién no está cansado de correr sin parar en la rueda del capitalismo? Si yo ya estoy reventada de currar, añadir la crianza al resto de responsabilidades ha de ser agotador. Ser padre o madre no te convierte por arte de magia en una persona infalible, capaz de hacer siempre lo correcto. Aun así, da mucho miedo que una enfermedad como la anorexia se extienda entre la infancia. ¿Cómo se defiende un niño de alguien que lo llama *gordo*? Es demasiado joven para que el insulto le resbale, para mostrarse fuerte o indiferente. Hay que tener en cuenta que tampoco los adultos suelen estar bien formados en esta clase de autodefensa. Lo más ridículo es que seguramente los niños acosados ni siquiera sean gordos, solo rapaces que no tienen cabida en el canon de la muñequita Barbie —la misma que hace poco tuvo a bien vendernos su peculiar idea de libertad en una película—. ¿Qué hacemos con toda esa violencia estructural?

Por supuesto, los niños gordos no son los únicos que sufren discriminación a causa de su físico. Existen enfermedades y accidentes que pueden convertir el cuerpo de un infante en diana de todas las críticas. En algunos casos, es posible que preservar su salud mental pase por someterse a la cirugía, los tratamientos hormonales o la modificación corporal. Los límites, ay, los límites. Los porqués. En los niños todo duele más. El efecto que puede provocar lo que aparece en la pantalla del móvil va incluso más allá del *bullying* en el colegio: que un niño deje de comer, que se dé atracones, que intente suicidarse. O que se suicide. Tal vez ese sea uno de los límites de las modificaciones corporales. EL LÍMITE.

Más allá de la infancia, debo decir que entiendo la voluntad por mejorar tu estatus, tu trabajo... y también tu cuerpo. Ahora bien, una cosa es mejorar y otra, cambiar por completo. A veces me dan ganas de decir a ciertas personas: «Quédate con el cuerpo que *Dios te ha dado* y lucha por que nadie te turbe por ser como eres». Parece que es mucho más fácil cambiar de ser que luchar por ser. Si te crea un grave complejo tener una nariz grande, dientes escalonados o cinco lorzazas —que aún no entiendes como metafísicas—, comprendo que te esfuerces por *mejorar* esos *defectos* (a ojos del capitalismo salvaje), pero ¿qué pasa con la gente que cambia sus cuerpos por completo?

De vuelta al tema del libro, no voy a negar que la obesidad es una condición poco saludable. El problema llega cuando un subnormal que se aburre tras su teléfono aprovecha que muestras tu cuerpo en redes para meterse contigo diciendo que haces apología de una enfermedad. Y es que, llegados a este punto, también podrían acusarte de fomentar el alcoholismo por beber una cerveza o el tabaquismo por aparecer fumando un pitillo, o los veganos podrían cebarse contigo por compartir que te comes un filete. Cuando alguien quiere meterse con otra persona, cualquier ataque es bueno. Reconozco que, como no soy la madre Teresa, yo no estoy libre de estas actitudes: claro que alguna vez he llamado «puto canario de mierda» a un tío de Tenerife que me había hecho una putada, sin tener nada en contra de los habitantes de Canarias. Simplemente, el odio funciona así, echando mano de lo que primero se ve o se descubre de su objeto. Sabemos perfectamente qué es lo que le puede doler a la otra persona, porque también sabemos lo que nos duele a nosotros. La clave es que estos brotes de ira es mejor tenerlos en *petit comité* y no abiertamente, para evitar que los demás certifiquen que tu grado más alto de enfado es fácilmente confundible con una exhibición de subnormalidad bastante acusada.

Hay que saber comportarse.

Segunda lorza

Hace muchos años, estaba en la biblioteca, cuando alguien hizo una broma. Allí no me podía reír, y eso hizo que me riese aún más. De repente, algo hizo clic en mi cabeza y empecé a tener alucinaciones. Llevaba como siete meses sin consumir ningún tipo de droga, ni tan siquiera un café. Tampoco es que sufriese uno de esos brotes psicóticos que te convierten en una persona peligrosa, pero los médicos decidieron frenarlo con una lobotomía química. ¿Suena fuerte? Pues lo fue más. Se nota que los médicos no toman de su misma medicina. Perdí totalmente el control sobre mi cuerpo. No podía casi andar, volví a mearme en la cama y caí en una depresión superprofunda, llena de ideas intrusivas de suicidio que no cesaban. Ducharme era un auténtico reto para mí. Lo hacía un día sí y un día no. Cada vez que tenía que enfrentarme a ello, durante las horas anteriores solo podía pensar en el esfuerzo sobrehumano de ir al baño, desnudarme, meterme en la ducha, ducharme, secarme y volver a vestirme.

Era mi K2. Tal vez por eso ahora no soporte la falta de higiene en los demás: si yo conseguía lavarme en aquel estado catatónico, todo el mundo puede hacer el mismo esfuerzo.

La gente de mi entorno pensaba que me iba a quedar así. Era el gran rumor: «¿Habéis visto cómo está María?».

Pasé bastante tiempo encerrada en casa hasta que al fin pude andar algo. Engordé muchísimo al no poder casi ni moverme. Entonces tuve que empezar con los putos paseos. Lo malo es que, al estar tanto tiempo en casa, también padecía una agorafobia horrible que fui superando a base de cruzar mi calle escuchando música con un discman. Otro reto durísimo. Pese a tomar antipsicóticos, veía los edificios caerse sobre mí y a la gente de la calle con el rostro derretido. Casi me arrastraba, porque estaba cansadísima, y llevaba siempre la boca abierta. Pero poco a poco dejó de caérseme la baba y empecé a ser más ágil.

Ahora tocaba poner en marcha el cerebro. La psicóloga que tenía por aquella época (he pasado por muchos de ellos durante toda mi vida, bastante mediocres, por no decir malísimos, en su mayoría) me explicó que era posible recuperar las neuronas con esfuerzo intelectual, así que decidí volver a la universidad, aunque aún no estaba físicamente recuperada del todo.

Digamos que una persona obesa, con la boca abierta a la que se la ve bastante rara no lo tiene fácil para hacer amigos.

Cuando empecé a conocer gente, gracias sobre todo a fumar porros antes de clase (nunca las drogas me ayudaron tanto), me tomé de forma muy natural y cero traumática que ya no estaba entre el *target* de tías follables, tal y como había estado toda mi vida hasta entonces. Fue un gran consuelo tomármelo así. Creo que ayudó bastante la bajada de libido que me provocaba la medicación. Había muchos chicos que me gustaban, todos muy interesantes, inteligentes, empáticos, graciosos, pero con los ojos enfocados en chicas de cincuenta kilos. Me brindaron una gran amistad y me abrieron su corazón del todo, porque no buscaban absolutamente nada sexual en mí. Tampoco hicieron jamás ningún tipo de comentario sobre mi cuerpo, cosa que les agradezco de todo corazón porque, tal vez, en ese momento no me lo hubiese tomado muy bien.

Casi todos mis mejores amigos son los que hice en esa época. Mi médico me dijo una vez que yo era la única paciente que conocía que tras superar una lobotomía química había vuelto a socializar. Años después, la amiga más íntima de este grupo me confesó que me llamaban «la Pilli», de pillada. Un mote bastante suave comparado con el que me hubiese puesto yo misma.

El caso es que un verano, en un festival con un grupo de gente más amplio, me enrollé con un chico, y el novio de una de mis amigas, que iba bastante fino, se quedó tan en shock que le dijo como veinte veces: «¡Buah, te estás enrollando con la María!», porque nunca me había visto en esa situación, así que no le entraba en la cabeza que yo tuviese una faceta sexual, aparte de que tengo bastante fama de ser Satanás. Sobre todo para él, que es de ciencias. El chico se rayó tanto con aquel mantra que al final me dijo que ya nos veríamos otro día porque mi colega era gilipollas. Con toda la razón. Y es cierto que quedamos otro día. De todas formas, por mi parte, cero traumas también con esta historia.

Cuando me vi un poco más fuerte en lo referente a mi estabilidad emocional, dejé toda la medicación y pronto adelgacé más de treinta kilos, pero, al mismo tiempo, me volví loca del todo. Aun estando como una auténtica caldereta, con la delgadez volví al *target* de follable con la libido a flor de piel. Uno de los amigos con los que convivía en aquella época siempre me recuerda que para él la bipolaridad era un chiste hasta que la sufrió en su propio piso y se dio cuenta de que hay que andarse con pocas bromas cuando se habla de eso. También conviví con mi actual pareja durante ese proceso y nos fue mal.

O loca o gorda. Elegí gorda y elegí bien.

Sospecho que la gente está convencida de que se pueden arreglar los problemas que afectan a las emociones con cirugía. No tengo ni idea de dónde está el límite con este asunto. Antes pensaba que si tienes una nariz horrible que te traumatiza, está bien que la operes. Ahora creo que lo importante es forjar un carácter para ir por la vida con una buena napia. Todo el mundo cree que su vida mejorará tras una operación: de nariz, de tetas, de párpados, liposucciones… Ya no hay nada que no se pueda operar. Hasta el brillo de los ojos, querida Lola Flores, hasta el brillo de los ojos.

¿Por qué cada vez se hacen más este tipo de transformaciones? Ahora ya no es que tengas la nariz grande, es que te ves en el espejo y no te sientes ni de tu género. Crees que eres otra persona totalmente diferente a la que biológicamente te ha tocado ser.

En primer lugar, por supuesto que respeto a las personas transgénero y quiero que tengan los mismos derechos que yo. Pero, por otra parte, yo sí veo un problema grave en la no identificación con uno mismo. El monólogo de la Agrado en *Todo sobre mi madre* ha hecho mucho daño. Demagogia pura. A simple vista parece que es de un acierto pleno, que claro que sí, que cómo no. Que cuanto más te parezcas a la idea que tienes de ti misma, más auténtica serás de verdad. Pero hay que rascar un poco.

Cuando ese *ti misma* es otra persona que para nada eres tú, avanzar por ese camino puede ser un delirio. No es que yo crea que tenemos que ser conformistas con lo que nos ha tocado: lo que defiendo es que tu cuerpo, sea cual sea, no te impide ser auténtica para nada. Es una cuestión de carácter. ¿Ser auténtica es ahora ser totalmente falsa? Y, encima, a golpe de talonario. ¿Ser auténtica es ahora también una cuestión de clase?

El deseo por esos cambios estéticos tiene que ser muy fuerte, casi traumático, tal vez el motor de las vidas de quienes lo experimentan. Por eso no puedo estar rotundamente en contra de esta cuestión, pero sí me permito dudar de cómo afecta a las personas y cómo se relaciona con el contexto social.

Cuando me hice mi primer tatuaje, que también es una modificación del cuerpo, pensé que solo iba a ser uno. Luego vinieron varios más. Y me veo mejor con ellos. Supongo que las personas transgénero que se operan también se ven mejor modificando del todo su cuerpo, por eso no sé dónde poner el límite. Desde un punto de vista filosófico, yo lo pongo en el concepto. A través de la cirugía plástica te puedes acercar mucho al concepto que anhelas encarnar, pero si tú descartas la biología por considerarla un freno a tu sueño de ser otra persona, no puedes pensar que la cirugía te convertirá en algo que vaya mucho más allá de la apariencia física.

¿Quién eres y quién te sientes? Por mi trabajo como crítica, veo muchos perfiles de Instagram que ponen *artista* en su bío, y ya os digo yo que puede que se sientan así, pero que eso es un puto disparate. En alguna ocasión, al solicitar nombres de artistas plásticos que consumen cánnabis para entrevistarlos en la revista *Cáñamo*, he alucinado bastante con algunas de las personas que se han propuesto para salir en la sección. Los delirios de grandeza de una bipolar quedan a la altura del betún al lado de quienes me presentaban sus *obras* como algo serio, sin despeinarse siquiera.

Creo que se nos va todo de las manos, en todas y cada una de las facetas que nos definen como seres humanos. Con el cuerpo no iba a ser menos.

Os recuerdo que hay mucha gente que ha aceptado sufrir molestias constantes durante mucho tiempo solo para tener los lóbulos de las orejas como un calamar colgandero. Si Kim Kardashian se pusiera un tercer pecho, el debate no cambiaría. «No puedes coartar mi libertad de querer tener cinco pollas», y así hasta el infinito. Y habrá quien diga: «Pues si quiere tener cinco pollas, déjalo tener cinco pollas, que a ti no te molesta para nada». Pero claro que sí me preocupa, porque en breve no diferenciaremos un humano de un robot, ni una persona con un problema psicológico grave de una persona que forma parte de un colectivo como el trans.

No creo en la normalidad: no existe la gente normal, ni los cuerpos normales o normativos. Y mucho menos pienso que lo que más se acerca a ese concepto sea la heterosexualidad blanca europea de cincuenta kilos ella y ochenta él. Soy de una generación que no creció con internet. Cuando accedí a las redes sociales ya tenía el carácter y la personalidad forjados. Entiendo que los preadolescentes que ahora viven todo esto necesitan un adulto detrás que les aporte un poco de criterio a la hora de analizar lo que están viendo o leyendo. Toda esa masa de información sin contrastar —fíate tú también de aquellos que oficialmente se encargan de contrastarla— que no pasa por una criba de cuestionamientos elementales puede resultar muy dañina. Si pasa con adultos, imaginaos con los niños.

¿Por qué un niño al que simplemente le gusta el color rosa y jugar con muñecas empieza a cuestionarse, a través de testimonios de otros niños, si su cuerpo no es el que le corresponde en un bucle infinito? Ojalá hubiese más testimonios de niños que hacen, visten, juegan, sienten, aman como les da la puta gana y no se ven abocados a pasar por ningún tipo de proceso hormonal ni quirúrgico porque simplemente se sienten libres de someterse a roles estúpidos. Es como el problema de las depresiones: aunque la mayoría son culpa directa de la precariedad que define nuestras vidas, pretendemos solucionarlas mediante medicamentos en vez de intentar cambiar el sistema que nos tortura.

Pues en lugar de romper con esos roles tan rancios que establecen que el azul es de chicos y el rosa de chicas (en vez de pensar que son dos etapas de Picasso) para así poder vivir en total libertad según sus gustos y preferencias, en lugar de acabar con esos roles tan dañinos que asignan a cada género distintos deportes, ropas y otras mierdas, la gente se está agarrando a ellos como a un clavo ardiendo al ver que son *imposibles* de destruir, y prefiere modificarse ella misma a cambiar lo que realmente necesita ser modificado.

No quiero ser como el meme del señor que echa la carta sobre la mesa y grita «¡la culpa es del capitalismo!», pero es que claramente ese modelo socioeconómico tiene un gran peso en esta cuestión. En todas las cuestiones. Lo peor es que si intentas luchar contra el capitalismo, tendrás que usar herramientas capitalistas que probablemente también lograrán capitalizar tu lucha. Aun así, en la medida que podamos, no nos dejemos arrastrar del todo por él.

El dinero soluciona muchos problemas, pero crea muchos más.

El dinero o su carencia pueden causarte muchos tipos de traumas que quizá puedas arreglar... si tienes dinero para pagarte la terapia y la suerte de encontrar un buen profesional para ello.

Una vez, en una consulta, sin venir absolutamente a cuento de nada, la psiquiatra me dijo que por qué no probaba con las mujeres. Yo no había dicho que tuviese ningún problema con los hombres ni que me estuviese cuestionando mi sexualidad. Así, sin más, ella decidió proponer que me hiciese lesbiana como respuesta a una bipolaridad.

Si yo no había ni mentado el tema, me pregunto cuántos de esos niños y adolescentes que no encajan en los roles establecidos y a los que sus padres mandan al psicólogo habrán escuchado en boca de un profesional que lo que les pasa es que son trans, en vez de que los inviten a ahondar más en la evidencia de que la sociedad que los rodea es una puta mierda. Me pregunto cuántas veces el dolor de no encajar en lo establecido se habrá atajado tirando del comodín de moda como respuesta.

Hormonarte y operarte es un proceso duro, pero, aunque no lo parezca, en ocasiones puede constituir una salida más fácil que hacer lo que te salga de la cona con tu vida y vivir en total libertad sin tener que aparentar ser lo que sea: simplemente siendo lo que eres, y ya.

Son tiempos difíciles para ser uno mismo. Las redes te venden todo el rato que debes convertirte en «tu mejor versión», lo que al final significa ser igual que alguien famoso en internet: usar su ropa, tener sus labios, ir de vacaciones a los mismos sitios, conducir el mismo Lambo. No te dejan ni envejecer en paz. Ni siquiera si eres la puta Madonna. Y también están prohibidas las lorzas, sobre todo si son metafísicas.

Que los *influencers* del siglo XXI sean algo tan en las antípodas de los filósofos es algo muy duro. Triunfa todo lo que sea contrario a pensar. Y triunfa de verdad. No influyen por rasgos profundos de su carácter, que son los que nos deberían revolver las personas que tomamos de ejemplo, sino por su apariencia. Cuanto más te parezcas a un adorno, más dinero vas a ganar.

En una época en la que el futuro laboral es casi inexistente para la mayoría, es normal que muchas personas decidan que, en vista de que la apariencia permite triunfar, ellas también se lo jugarán todo a esa carta. Es triste, pero comprensible. Cambiar el sistema es totalmente utópico.

Claro que a mí me gustaría abolir la prostitución y que las mujeres dejasen de vender su cuerpo porque tuviesen otras alternativas laborales, pero ese es otro objetivo totalmente utópico. Si intentásemos acabar con ella de golpe, muchas se verían todavía más abocadas a la clandestinidad.

Lo lógico es utópico. Nada hay más horrible que eso. Entonces, las personas tomamos atajos todo el rato para sobrevivir en la vorágine capitalista, casi siempre tragándonos nuestros principios a cambio de poder comer. Eso, si es que tienes suerte y comes.

A mi generación la presionaron mucho con lo del éxito a través de los estudios universitarios, y luego ha resultado que a casi todos los que estudiaron una FP les va mejor que a los licenciados cuyos padres no eran ricos.

Mi relación más duradera es con la crisis. Toda la vida he estado viviendo alguna. En el cole, en el insti, en la universidad, al entrar en el mercado laboral... Ahora que el planeta se va al garete, vuelven las guerras (¿alguna vez se fueron?) y es más fácil encontrar un unicornio que un trabajo en unas condiciones que no te hagan abrazar la idea del suicidio cada mañana... ¿Qué hacer, qué pensar, cómo actuar, quién ser?

Me parece una época durísima, tanto para mí como para los jóvenes. El «No Future» de los punks es un meme al lado de lo que estamos viviendo. Realmente, a veces también llego a plantearme que valdría la pena pasar por tres millones de operaciones para convertirme en un gato como los míos, que se dan una vidorra padre. Pero como nunca conseguiría ser un gato de verdad, me temo que seguiría teniendo preocupaciones y no dormiría como duermen Huma y Leo, ajenos a todos los problemas y vicisitudes que pasamos en casa para, entre otras cosas, comprarles el pienso y la comida húmeda que tanto les gusta.

No me puedo imaginar cómo viven esta época los padres. No puedo imaginar qué es ser madre en Gaza, y mucho menos niña o niño.

En cuanto a modificaciones del cuerpo, también podemos hablar de los embarazos. Cuando veo a una mujer embarazada, lo primero que me viene a la cabeza es la película *Alien*. Me resulta fascinante esa metamorfosis corpórea y emocional. Para algunas es muy importante dejar claro que están embarazadas, para que nadie piense que están gordas (a muchas gordas también les preguntan si están embarazadas. Hay una foto de Paris Hilton en no sé qué país, en la que aparce besando la barriga de una gorda porque pensaba que era una embarazada). Con esa aclaración dan a entender que están haciendo un esfuerzo por traer otra persona a este mundo de mierda en medio dc una crisis global, y no *dejándose*. Así subrayan la productividad de su metamorfosis.

Se dice mucho que las embarazadas se ponen muy guapas. Yo también lo creo. Puede que la razón sea que cogen unos kilos sin que nadie las juzgue, amparadas por el proceso que están protagonizando. Y sí, claro que sí, también por la felicidad que les da esperar un hijo deseado.

Yo me quedé embarazada de una antigua pareja y fue la peor enfermedad que sufrí nunca. Menos mal que pude abortar, porque hubiese sido un terrible error no hacerlo. Lo tuve clarísimo desde el primer momento. Creo que soy una persona tan sumamente responsable que no se me ocurre traer a nadie a vivir esta pesadilla.

Pero también entiendo que no solo van a tener hijos los del Opus y que haya otra gente que también los tenga. Además, sé que existe el instinto maternal, que seguramente tenga que ver con las hormonas. Yo misma lo experimenté años después del aborto, cuando sí estaba con la persona adecuada, pero no me puedo permitir dejar la medicación y nunca se me ocurriría embarazarme mientras tome toda la mierda que me prescriben. Tenía mucho amor dentro y no podía estar encima de mi pareja las veinticuatro horas. Adoptando a unos gatos a los que también amo solucioné perfectamente el problema.

A veces hay que ser un poco realistas. Supongo que muchos padres les comprarán un móvil a sus hijos cuando tienen once o doce años y luego no se ocuparán de controlar qué contenidos consumen ni estarán a su lado para explicarles que la mayoría de las cosas que se postean en las redes sociales son ficción o publicidad retorcida para crearles necesidades que no tenían. Es lo que está pasando ahora mismo con los productos faciales en los menores de quince años.

¿Dejas a tu bebé debajo del fregadero con todos los productos de limpieza destapados? ¿Dejas al alcance de tu niño de cinco años lo que te sobró del gramo de anoche? ¿Dejas a tu hijo en una cama llena de cuchillas? Pues no dejes a un menor solo en internet.

Lo de la anorexia en niños de nueve años por la presión de las redes sociales me parece increíble. Ni siquiera es comparable al *bullying* que se da en el colegio. Es algo autoimpuesto, la exigencia de alcanzar un estándar de belleza imposible en un cuerpo aún sin formar del todo. Es el pánico a no encajar. A fracasar. ¿Por qué un niño o una niña de nueve años tiene esas preocupaciones cuando debería de estar pensando en salir a jugar con sus amigos? ¿Siguen saliendo a jugar los niños?

Lo de las niñas pequeñas en Sephora comprando ácido hialurónico también tiene tela. La industria cosmética ha encontrado en los menores de quince años un nuevo *target* de consumidores. En realidad, no les hacen falta esos productos, pero en las redes ven a sus ídolos maquillándose y mareando todo el día con el puto *skincare* y, claro, ellos quieren imitarlos.

Nosotros somos dos en casa y solo compartimos una misma crema hidratante con factor de protección solar treinta. Nada más. Si me tuviese que echar cinco productos en la cara nada más despertar, ya ni me molestaría en salir de la cama. Otra vez el capitalismo diciéndote todo lo que tienes que comprar para ser una persona VÁLIDA.

Es totalmente *normal* que luego esas criaturas se quieran operar todas y cada una de las partes de su cuerpo, desde las pestañas a las uñas de los pies. Se odian a sí mismas porque no son esa persona con nueve millones de *likes* a la que admiran. Igual que ellos, también nosotros crecimos con referentes imposibles, como los protagonistas de esas películas estadounidenses cuyos argumentos giran en torno a ser el más popular del instituto, la reina del baile y toda esa broza. Casi todas ellas coinciden en sugerir al espectador que le conviene renunciar a sí mismo para convertirse en aquello que los demás piensan que son las personas exitosas.

De verdad que esto del éxito, sobre todo cuando va unido al dinero, es una puta pesadilla.

Es un éxito estar delgada y poseer un bolso de 1.500 euros, unos labios gruesos y mechas perfectas. Quedar bien en las fotos es lo más importante de la vida de una persona que valora ese éxito de mierda.

Dos de mis amigos no tienen redes sociales. Cuando hablo con ellos, compruebo que desconocen muchos temas que en internet están candentes. Son personas muy discretas. No digo que sean mejores que quienes las tenemos, pero sí que los considero exitosos. No son millonarios, pero viven bien. Además, lo hacen donde han elegido: en el campo. Tienen internet, pero lo usan para otras cosas. No quieren aparentar absolutamente nada que no sea lo que se observa a simple vista. También considero exitosas a las personas que consiguen vivir de aquello que las apasiona. Y a las personas buenas: quizá conseguir ser agradable en medio del infierno sea el mayor éxito de todos.

Tercera lorza

Hablemos de los gimnasios: ¿*Mens sana in corpore sano* o *mens vacua in corpore mazado*?

No tengo nada en contra del deporte, yo misma he practicado natación desde siempre, pero me choca que los deportistas de élite sean personas influyentes. Ellos también modifican o usan su cuerpo más allá de los límites de la salud solo por conseguir éxito. He comentado alguna vez en redes sociales que me parece más respetable un yonki que se inyecta heroína porque no puede soportar la vida que Nadal haciéndose infiltraciones en las rodillas para poder seguir jugando al tenis. Ese rollo de que alguien que se esfuerza tanto por lograr sus objetivos tiene que ser una persona admirable me da ganas de vomitar. Claro que me parece muy bien evolucionar en la vida y que para ello hay que esforzarse, pero también es muy lícito tirar la toalla. O cambiar de objetivos.

¿Cuántas ensaladeras tiene ya Nadal? ¿Cuántos parches lleva en el cuerpo? ¿Cómo tienes las rodillas,

Rafa? ¿Nadie que te quiera te dice que pares? Chico, ya estás forrado. No vas a tener que trabajar nunca, ni tú, ni tu familia. Ahora que eres padre, disfruta de tu hijo y no lo dejes solo en internet. Podría encontrar todas esas fotos en las que te comparan con capibaras y sufrir un trauma irreversible tan solo porque estás en Arabia promocionando lo que sea para amasar más millones aún y no con él, explicándole que todo eso solo son bromas.

Hubo una época en que los fines de semana, a la hora de comer, sintonizábamos un programa de radio que me ponía del hígado. Lo presentaba Michael Robinson y trataba de historias de superación personal. Un día escuché a un hombre que había perdido una pierna decir que aquello fue lo mejor que le pasó en la vida porque en el hospital conoció a su mujer. Bueno, con una dermatitis también la podrías haber conocido.

Entiendo que algunas personas que pierden miembros de su cuerpo por culpa de algún tipo de accidente o enfermedad tengan esa necesidad vital de superarse a través del deporte, pero también defiendo a aquellas que se quedan hechas polvo y bastante hacen con sobrevivir al día a día. Como tullida mental que superó una lobotomía, comprendo las dos visiones, pero la lobotomía no fue lo mejor que me pasó en la vida, por mucho me haya traído hasta aquí.

Estoy muy hasta la cona de la gente que convierte todas las experiencias traumáticas en algo positivo. Claro que pueden traer cosas positivas relacionadas con tu entorno o con los cambios que hagas en tu persona, pero lo que es una putada es una putada y ya. Encontrarte en el espejo un día y ver que te falta un trozo de ti tiene que ser una experiencia durísima. Sobre todo si es en el rostro, creo yo. Poco se habla de los imbéciles que se quedan mirando, o peor, que señalan o hacen comentarios sin ningún tipo de filtro cuando conocen o ven a alguien a quien le falta un ojo, que tiene manchas, acné, psoriasis... Y pensar que por culpa de esas personas que tienen una avellana podrida por cerebro han aparecido tantos complejos y se han derramado tantas lágrimas. Gente que es absolutamente imbécil. Que lo hagan los niños... pues también es molesto que fijen la mirada en cualquier cosa que se salga de la norma, pero es eso: son niños. En el vestuario de la piscina no me sacan el ojo de encima.

No todos los días te levantas con las mismas fuerzas para aguantar comentarios de mierda sobre tu físico. Aunque lo tengas muy trabajado, hay días bajos en los que te afecta.

Salir a la calle con algo en tu cuerpo que la gente no acepta como normal puede convertirse en una puta pesadilla. Por mucha terapia que hagas, los subnormales y los maleducados no se van a erradicar.

Como esos que piensan que es un halago llamar *campeona* o *campeón* a alguien con un problema físico o mental. Dos hostias se quedan cortas.

¿Qué pasa con los espejos? Tendrían que ser una herramienta para vernos y no un instrumento de tortura. ¿Qué hay en el espejo que te disgusta tanto como para dejar de comer, pensar en matarte o pasar por decenas de operaciones con sus consecuentes y dolorosos postoperatorios? El espejo refleja tu apariencia, pero las personas somos mucho más que eso. En el espejo no se refleja quién eres. No podemos ser superficiales con nosotros mismos. Por ahí sí que no paso. Y en realidad es lo que reina. La superficialidad. En una red de citas, los demás te validan por una foto en un solo segundo, probablemente mientras están cagando. ¿En qué momento esto nos pareció buena idea? Una vez escuché a una chica musulmana decir que ocultaba su cabello y parte de su rostro para que si un hombre se enamoraba de ella fuese por su personalidad. La personalidad está bastante denostada gracias a la tiranía de los cánones de belleza. Menos mal que no todo el mundo es igual y existe gente que busca algo más que un rostro de proporciones áureas.

Voy a aprovechar que soy la autora de este libro para *lucirme* también como *poeta* con unos versos que vienen muy al hilo de este tema:

Y también me gustan
los hombres feos
aquellos que te comerías
como al cardo
de Sánchez Cotán.

Como habéis comprobado, no tengo ni puta idea de poesía, no sé ni siquiera si esto es un poema, pero hace tiempo resumí en esas cinco líneas todo lo que pienso sobre la tiranía del físico *perfecto*.

Nadie que me caiga bien me resulta desagradable a la vista. Lo de que la belleza está en el interior no se lo cree ningún joven de hoy en día, y muchos adultos tampoco, pero claro que en realidad es así.

En Instagram o en Tinder no se ve el interior. A lo mejor el único interior que interesa son las paredes de tu cona.

Un conocido *coach* presume todo el rato de que, en cuanto su mujer engordase, él la dejaría enseguida. Su argumento es que, si se descuida con su propio aspecto, también descuidará su matrimonio. Además, un hombre de *alto valor* como él necesita tener al lado a alguien que se adecúe a sus estándares. No se puede ser más mamarracho. A mis ojos, claro, porque resulta que tiene millones de seguidores que le dan su dinero, hablan como él, imitan su discurso y se mueren por lograr lo que proyecta en sus redes, que no es más que lujo hortera.

Los cuerpos de los dos están modificados. Él está mazado y ella se ha hecho varias operaciones. A él le he escuchado decir que necesita labios, tetas y culos grandes, que sean exagerados, que hayan costado bien de pasta. También presumen de carillas en los dientes, de ese tono que se pasa ya de blanco y es azul: «¿Quieres unos dientes así? Pues cómpratelos, bro». Dice que sus físicos atraen miradas y, por supuesto, el éxito. Todo el rato suelta comentarios despectivos contra los putos gordos y sus panzas. También contra la gente que solo gana mil euros. Que este tío sea el faro que ilumina a millones de personas dice mucho de nuestra sociedad, y nada bueno. Es un fenómeno que me tiene perpleja, porque cada vez veo más *reels* de gente que es una copia de él.

¿Es que ya nadie quiere ser quien es? En este caso, por ejemplo, ya no es solo el cuerpo lo que se quiere copiar, sino también la forma de hablar, el *pensamiento* y hasta los objetos que posee. Pero es que, encima, de un tío que es un puto meme en sí mismo.

Me quedo loca con este fenómeno viral. Si tener un *fucking* Lambo es el éxito, prefiero vivir en una alcantarilla y que me devoren las ratas.

Una cosa muy de finales del siglo XX y del XXI es hacer ricos y famosos a los más subnormales. Puede que sea la herencia de haber vivido la endogamia de los reyes durante siglos lo que explique que ahora solo aceptemos ver a imbéciles *por encima* de nosotros.

Con esos referentes de mierda es imposible tener una sociedad que valore a la gente capaz de pensar más allá de esos otros que consiguen un cuerpo adaptado a los estándares con que la moda nos esclaviza. Además, cuando consigues llegar a ese canon, la moda puede cambiar y te encuentras en la obligación de hacer lo mismo. Las personas no somos temporadas de Zara. Pero tienen que existir esos cambios para seguir gastando dinero en la apariencia. La rueda no puede parar de girar. Y siempre tienes que estar descontento con cómo eres por fuera.

«La mejor versión de ti mismo» es la más cara.

En menor o mayor medida, todos modificamos nuestro cuerpo, hombres y mujeres, jóvenes y viejos, ricos y pobres, en esta época y en todas.

Por un momento me gustaría ser la madre de algún chico o chica acomplejado por su físico y hacerlos conscientes de toda la belleza que poseen sin mentirles absolutamente en nada.

Hay muchas cosas horribles por las que sufrir, lo último es pasarlo mal por culpa de una mirada distorsionada.

También hay que ser educada con los otros. Si no sabes comportarte, mejor cállate antes de decir algo que pueda resultar hiriente.

En estos momentos no hay mayor revolución que mostrarse de una manera natural y sencilla, seas como seas. Veo que se insiste mucho en trabajar la autoestima *mejorando* el físico para sentirte mejor. No soy psicóloga, ni lo pretendo, pero creo que para mejorar la autoestima lo que hay que hacer es conseguir herramientas para que te dé igual lo que vayan a pesar los demás y alcanzar así una seguridad plena en ti misma, que es lo que realmente hace atractiva a una persona. Si solo *mejoras* tu físico para sentirte bien, te puede pasar cualquier revés que lo modifique y volverás a caer en la pesadilla.

Si trabajas la seguridad en ti misma por medio del intelecto, le pase lo que le pase a tu cuerpo siempre estarás bien con él. Además, por tu parte no vas a participar en esa rueda de la esclavitud tan dañina, tanto para ti como para tu entorno.

La guerra para que no saquen la asignatura de Filosofía del instituto me parece de las más importantes que hay que batallar. Por mi parte, la impondría en el colegio con un currículum de conceptos básicos, como una introducción totalmente necesaria a lo que queda por venir.

Pensar es una acción que trae muchos problemas. Cualquier persona con un mínimo de sensibilidad analiza su entorno y se deprime. La injusticia reina en todas partes. Hay mucha gente pasándolo mal.

Si la idea del éxito antes se relacionaba con tener algún tipo de habilidad que consiguiese grandes logros, ahora las personas exitosas son las más imbéciles o ruines. Pongamos como ejemplo a la mayoría de los *influencers* y famosos del panorama español.

¿Cómo han logrado los subnormales esas fortunas?

Por su parte, los *influencers*, siendo absolutamente tibios, simples, fotogénicos y constantes.

Es fácil ser constante si solo dices o haces gilipolleces, lo difícil es serlo cuando manejas contenido de peso. Con esto no quiero decir que las redes han de ser como aulas magnas de universidades, que a mí también me gusta el humor y hacer el mamarracho, pero que esto último no sea la única estrella que nos guía en el océano de internet. Basta ya.

Estoy hablando de un éxito que va en relación con el dinero.

Para una romántica como yo, el éxito es otra cosa. Por eso soy pobre.

Cuarta lorza

Cuando el autobús de Hazte Oír se paseó por España proclamando que las niñas tienen vagina y los niños pilila, por supuestísimo que me opuse totalmente a esa aberración. Primero porque estoy en contra de cualquier cosa que hagan esos descerebrados, y segundo porque, aunque yo tenga mis dudas sobre el tema, considero que las cosas hay que cuestionarlas, pero no mediante afirmaciones tan rotundas y menos poniendo una postura delicada a circular de ese modo por todas las ciudades. Así solo generas odio. Sé que hay muchos hombres convencidos de que son mujeres y mujeres convencidas de que son hombres, y no creo que necesiten en estos momentos encontrarse con eso delante de su casa, y menos aún los niños.

Otra cosa es que el tema se pueda cuestionar en un discreto *ensayo de un ensayo* como este, exponiendo una opinión que no pretende ser canónica. Simplemente me cuestiono, como ciudadana, un fenómeno que se expande a velocidad vertiginosa, al que estamos abriendo las puertas sin ningún tipo de control, por la preocupación de no dañar (como ha ocurrido históricamente con el colectivo) a las personas que se sienten de una determinada manera que no corresponde a lo que la sociedad espera de ellas.

Ayer escuchaba a una política decir que el tema trans nos incumbe a todos porque se trata de la libertad absoluta de ser quien quieres ser. Suena genial, pero ¿a nadie le extraña que exista tanta gente que para «ser quien quiere ser» necesite modificar su cuerpo hasta el límite para coincidir con unos roles de género contra los que el feminismo lleva décadas luchando para que desaparezcan?

¿Y cómo es que hay tal cantidad de hombres explicándonos a las mujeres qué es ser mujer? En realidad, siempre nos lo han dicho. El machismo no se crea ni se destruye, solo se transforma. Durante toda la historia nos hemos tenido que adecuar a sus gustos, para ser consumidas según la moda del momento, solo que ahora sus gustos se tienen que adaptar exclusivamente a cómo les queda el vestido a ellos para que al mirarse al espejo se vean bien.

Si muchas mujeres habían conseguido despojarse del canon impuesto y vivir sus cuerpos libremente, con pelos, con lorzas, sin sujetador, dejándose canas, vistiendo de manera no sexualizada, rompiendo con los putos estereotipos, ellos determinan ahora que vuelve la *feminidad* exacerbada.

O sea, que esa libertad de la que tanto hablan es una puta cárcel de nuevo.

No sé, como mínimo deberíamos repensar un poco la cuestión antes de enarbolar esa bandera. Como he dicho anteriormente, las personas con un mínimo de sensibilidad hacemos esto último casi sin pensar, por puro instinto, aunque sea tan solo porque una gran parte de quienes están en contra de la gente trans nos matarían a todas si pudieran. Esto pesa mucho. A mí me pone la mosca detrás de la oreja. Las ideas que defiende Santiago Abascal difieren totalmente de las mías. Las vivo como una alarma que grita: «¡Ojo, cuidado con esto!».

Por otra parte, ¿seré yo, para alguien transexual, ese mismo tipo de persona que a mí me machaca viva en todos lados porque, según ella, no tengo derecho a estar gorda?

Que quede claro: yo no digo que no tengas derecho a ser una persona radicalmente opuesta de la que eres ahora. Solo me extraña que haya tanta gente que no se guste tal y como es.

No voy a hablar de *alma*, porque ya bastante asco me da cuando lo leo en un poema de mierda. Tampoco quiero hablar de *esencia*, porque me resulta un término irrisorio. Pero me pregunto, no qué es ser hombre o qué es ser mujer, sino ¿qué es ser? ¿Qué es ser humano? Ya hay personas con órganos biónicos o trasplantes de cerdos. ¿Hasta dónde vamos a aceptar el porcentaje de estas intervenciones para considerar a alguien humano? Y si, con la rapidez que avanza, la IA desarrolla sentimientos en algún momento, ¿también la trataremos como a un ser humano?

¿Por qué cada vez que sale este tema a la palestra se habla de la libertad?

Nadie, pero NADIE que viva en nuestra sociedad es libre del todo. Ni siquiera lo fueron Peggy Guggenheim o Gertrude Stein.

La derecha madrileña habla de la libertad de tomar cañas que sirven personas que están totalmente esclavizadas por la hostelería. ¿Es más esclava la hostelería que la prostitución? ¿Habrá que empezar con ese argumento de que ambas cosas son trabajo?

Una vez escuché por la radio un discurso electoral que dio Abascal en Santander y, si no te detenías a rascar, todo lo que decía podía parecer perfectamente lógico. Me pasa igual con el monólogo de la Agrado que ya he comentado.

El caso es que yo soy de rascar. En lo que pensaba antes, en lo que vaya a pensar en el futuro y en lo que pienso ahora. Pero lo hago porque me parece lo más beneficioso para mí, no porque exista gente que se pasa 24/7 diciendo en redes *revísate*. A lo mejor tienes que revisarte tú un poco también, ¿no?

Es sano empezar a escribir un ensayo y cambiar de opinión varias veces mientras lo haces.

¿Cómo me va a parecer mal que alguien quiera ser como se imagina que es *de verdad* y no como es ahora porque se trata de un error?

Tatuajes, uñas y pestañas falsas, maquillaje, pelucas, tacones, implantes mamarios, de pelo, rinoplastias, cambios se sexo, de color de ojos, de dientes… No sabría decir dónde está la frontera entre *mejora*, *cambio* y *delirio*. Creo que es un límite muy difícil de encontrar. Anthony Loffredo, el famoso Black Alien que durante años estuvo modificando su cuerpo para parecer un extraterrestre, al final no ha conseguido completar el proceso y lo ha suspendido. No creo que nadie lo haya obligado a ir a una consulta psiquiátrica para diagnosticar si lo suyo se trata o no de un trastorno. Le deseo una vida feliz con su transformación, aunque me gustaría saber qué le ha llevado a ella.

A mucha gente le encanta disfrazarse. Las personas especialmente elegantes, las que van muy punk, los metaleros, los reguetoneros o, en general, los integrantes de cualquier movimiento urbano que se defina por una estética singular, ¿van disfrazados o no? ¿Dónde está la frontera del disfraz? Siempre he dicho que solo me disfrazo para las entrevistas de trabajo. Ahora no sé si decir que ni eso, o quizá es que voy disfrazada de mí misma todo el día. ¿Qué determina la diferencia entre vestirse y disfrazarse? Puede que un japonés ande por Tokio vestido de

Pikachu y un español en Valladolid vaya disfrazado de cayetano.

La expresión «un hombre/mujer hecho/a a sí mismo/a» me resulta absolutamente repulsiva. Es como si diese a entender que el individuo viene al mundo envuelto en una burbuja que lo aísla por completo del contexto que lo rodea. Es como decir «soy muy independiente». ¿De qué, exactamente? Porque si te refieres a que tú mismo costeas todos tus gastos, eso es gracias a que dependes de un trabajo o de una herencia.

Odio tanto relativismo, de verdad. En el siglo XII sería quemada por bruja, pero por lo menos tendría las cosas claras. Este pensamiento tan relativista que acusamos en la actualidad funciona como un bumerán que te da en la cara cuando vuelve.

Por otra parte, aferrarse a una idea sin ser crítica con ella y sin revisarse con el cambio de los tiempos también es un error.

¿Debemos de tener ideas inamovibles a las que ser fieles para no perder el norte del todo? Creo que sí, pero es cada uno el que debe elegirlas para sí mismo. O Telecinco. Telecinco las elije para mucha gente. Instagram también. O la línea editorial de *El País*, del *ABC*... O tus padres, el colegio, tus amigos...

Están tan desdibujadas las ideas que cómo no van a estarlo los cuerpos.

Están desdibujadas la justicia, el amor, la amistad, la maternidad... Ahora, todos estos conceptos se enfocan solo en una dirección: la del dinero.

Resulta un tanto sospechoso. Pienso en mis gatos: cuando les hago mover la cabeza de un lado al otro con la ayuda de un juguete, se entretienen, pero mientras tanto yo puedo hacer con ellos lo que me dé la gana.

Nada aturde más que un bombardeo. Los medios lo saben. Y si yo estuviese sobando anchoas durante ocho horas en una fábrica no tendría la oportunidad de escribir este *ensayo de un ensayo* para cuestionar ningún deseo vital de muchas personas que lo están pasando mal porque viven en un cuerpo equivocado: los que jamás se ven suficientemente delgados, los que no se ven nunca gordos, los que ni siquiera se reconocen en sus cuerpos.

Puede que me pase algo de eso. Dada la cantidad de *hate* que me toca sufrir y la cantidad de veces que lo he tenido que oír, debería estar convencida de que soy una gorda asquerosa. Sin embargo, me miro al espejo y me gusto. ¿Seré yo la que tiene la mirada distorsionada? ¿O es más bien que mantengo una buena relación con mi cuerpo porque lo que realmente me preocupa son mis taras emocionales?

No les voy a dar la razón a los otros. Mi cuerpo no da asco. Si a ti te da asco mi cuerpo, ¿quién tiene el problema? Por eso, vuelvo otra vez a lo mismo: si alguien modifica totalmente el suyo para ser otra persona y yo me pregunto hasta qué punto esa transformación es ética, moral o simplemente razonable, ¿quién tiene aquí el problema?

Encontrarte a ti misma no sucede en la India ni en Tailandia. Tampoco en un vídeo donde alguien te cuenta que desde siempre supo que es mujer porque de pequeño rechazaba ponerse gayumbos. «Sabía que había algo extraño ahí». ¿Extraño por qué? Me parece más natural sentirse incómodo con una prenda, un deporte o un color que pasar por un proceso tan complejo como la transición de género a causa de ello. De niña, a mí no me gustaban las muñecas. Me parecían un juego de lo más aburrido. No había nada extraño ahí: simplemente, no me gustaban las muñecas. Tampoco me he puesto nunca tacones, y son un símbolo. Muchos baños de mujeres están señalizados por este tipo de zapatos.

Hoy día, ni unas bragas podrían señalizar un baño de mujeres. ¿Con qué icono señalizarías un baño de mujeres sin ofender a nadie y teniéndolas en cuenta a todas? No hay símbolo posible. Y, no sé, tal vez esto sea mejor que ser representadas por unos tacones, aunque, de todas formas, a mí no me ofenden para nada. Simplemente, nunca he tenido unos.

De verdad que yo ansío libertad para todo el mundo, pero ya sabéis que es una cuestión de equilibrio. La mía acaba donde empieza la tuya. Y si la gente no goza de libertad total, porque es imposible, por lo menos que no tenga sufrimiento. Nadie tiene por qué decirle a otra persona que su cuerpo no es el correcto, ni siquiera después de que se haya operado la cara hasta dejársela igual que la de Hello Kitty.

Solo me interesa entender por qué estas trasformaciones se han convertido en un movimiento global tan acusado. ¿Cuál será la razón de que tanta gente no se guste?

Se habla de que siempre nos estamos comparando. Compararse es muy doloroso. Sobre todo, cuando la gente con la que te comparas es una mentira. Nada más que un escaparate.

Claro que una chica a la que no le llega el dinero ni para irse de botellón deseará ser una *influencer* para ir a fiestas, viajar por todo el mundo, tener toda la ropa de sus sueños y la pareja perfecta, vivir en una casa de la hostia y alcanzar con cada subnormalidad que diga millones de *likes* de gente apasionada con su vida de postal. Pero sigue siendo una locura total, como los *poemas* malos que se vuelven virales gracias al apoyo de millones de personas que los comparten porque, aun siendo de una simpleza absoluta, representan lo más profundo que encuentran en sus cerebros.

Por eso vuelvo a la idea del éxito. ¿Cómo le explicas a un niño que el éxito está en cultivarse como persona y tener valores cuando él ve en internet que el éxito es estar guapo y delgado sin criticar lo establecido? A ver, hay quien dice mantener posiciones críticas. Y también están esos que se denominan *librepensadores* y da la casualidad de que todos piensan igual.

Cuando a mí me decían que era necesaria una carrera universitaria para tener éxito en la vida, yo veía en los adultos de mi entorno que aquel discurso parecía cierto. Pero resulta que no fue verdad. Para nada fue verdad. O, al menos, no lo es si seguimos asociando el éxito con el dinero.

¿De qué sirven los textos que escribo acerca del trabajo de los artistas, estos textos que desvelan todas las claves de su obra? ¿De qué sirve haberme formado para ello y dedicar mi vida a la observación y estudio del arte contemporáneo? Escoger el ejercicio intelectual como trabajo ha sido, por lo menos en mi caso, una ruina total, me esfuerce lo que me esfuerce o sea todo lo buena que pueda ser. Muy pocos lo valoran. En cambio, me valorarían mucho más si hiciese un *haul* de todo lo que compro en el puto Mercadona.

Uno de los jefes de una publicación en la que colaboro siempre me dice que no mire a los lados, porque si la persona que más dinero gana en este país hablando de arte es Carlos del Amor, con toda su petulancia edulcorada, empezarás a pensar en una soga al cuello como tu mejor amiga.

¿Qué nos lleva a compararnos todo el rato si sabemos que eso solo conduce a la insatisfacción constante? Una insatisfacción que, al parecer, solo se curaría con dinero cuando, en realidad, está más que comprobado que eso no es así. Porque, aunque te hagas rico, te seguirás comparando con otros, y nunca llegarás a ser ni a tener todo aquello que creías que te iba a hacer feliz.

¿Recuerdas qué era lo único que hacía feliz al rico y poderoso ciudadano Charles Foster Kane? Rosebud. Un sencillo trineo de madera que tuvo de pequeño. ¿Y sabes qué es lo único que frenará la insatisfacción con tu cuerpo o tu estatus? Creer en ti, pero no solo como lo dice una taza de Mr. Wonderful, sino trabajando tu personalidad para encontrarte a gusto en ella. ¿O es que también vamos a modificar del todo nuestras personalidades? Yo ya no sé. Habrá quien lo haga, para encajar. Que se disfrace de amable o simpático. ¿Cuándo se es amable y cuándo vas disfrazado de amable?

Hay una pizzería que le puso el nombre de un amigo mío a una pizza que lleva chorizo y gambas. No me puede parecer una combinación más aberrante. Pues una vez me contó una antigua novia suya que, al principio, cuando empezaban la relación, ella se comió varias de esas pizzas por el rollo de que «joder, tía, se llama como él». La gracia y tal, querer que continúe la relación, el chiste y todo lo que quieras... Pero el caso es que se tragó esa inmundicia más de una vez.

Parece que vivir sea encadenar una gilipollez tras otra. No lo digo por ella, ni por él, lo digo por todos.

¿Se tratará de eso? Ahora, desde luego, es lo que se premia. Volvemos al «dejad de hacer famosos a subnormales».

Concursos para ver quién come más sobaos pasiegos en menos tiempo. O sea, ¿para qué cona vale esa broza? Y, claro, son ideas que crecen con el apoyo de la prensa y seguramente con el dinero de algún ayuntamiento que en realidad pagas tú. Como las luces de Navidad de Vigo.

Ya no sé qué consigna puede ser buena. Si dices «sé tú mismo», la gente opta por que «él mismo» sea otra persona. Si dices «cree en ti», se dedican a lanzar en redes sociales vídeos de mierda que no aportan absolutamente nada, pero que les consiguen seguidores poco a poco a cambio de pasarse el día ahí. Habrá quien piense que ser ellos mismos significa ser como el famoso que cree en él y en su capacidad para, sin hacer nada que valga la pena, vivir de eso mismo. Es increíble, pero es así. Y no sé qué se puede hacer para cambiarlo, porque va a más.

El otro día vi un vídeo en el que un chico contaba qué tres cosas es importante que tengas en tu dormitorio: una lámpara, una silla y una estantería. Significa que esa persona tuvo una idea que le pareció fantástica para subir contenido. Lo vio con una claridad enorme: «Con esto lo voy a petar». Pues así está el percal. Nadie lo va a criticar por semejante tontería (bueno, tal vez algún *troll* sí), pero lo harían en caso de que subiese de peso, porque eso sí que no.

En qué momento dejamos que la apariencia sea lo más importante del mundo. Y lo digo yo, que soy esteta y no puedo vivir si no es rodeada de belleza.

Toda la apariencia, menos la de parecer idiota.

A veces creo que esto es una pesadilla, pero de las de verdad. Que no es posible que las cosas funcionen así en vez de responder a un mínimo de lógica. Que de nada sirva, por ejemplo, prepararse como actriz si no tienes muchos seguidores en Instagram. Que esa es otra. Que Instagram sea nuestro nuevo *curriculum vitae* también es algo durísimo que, por supuesto, afecta a la percepción sobre nuestros cuerpos, al incidir en ese bucle de comparaciones enfermizas.

Qué fácil les ha resultado conseguir que tu peor enemigo seas tú mismo. Seas del género que seas o que desees ser. Antes, ya les llegaba con que el peor enemigo de una mujer fuese otra mujer. Ahora eso se ha quedado corto. La maldad siempre se supera a sí misma, no tanto como la bondad, que tiene unos límites más claros y definidos. Será porque abarca mucho menos.

Pues así está el planeta: casi todo el mundo odiando su cuerpo, y las personas que no lo odiamos, luchando para que los demás dejen de atacarnos con sus comentarios. Aunque, no sé, ¿ocurre en todo el planeta o solo en las regiones donde no necesitamos caminar treinta kilómetros para conseguir agua?

Nadie vive en paz. Y mucha gente podría.

Quinta lorza

En la facultad de filosofía tuve un profesor de Historia de las Religiones que había desarrollado su propia teología. En ella exponía que el mal siempre estará presente porque, aun si viviésemos bajo otras formas de gobierno y en otros lugares, siempre siempre siempre habrá conflictos y Dios estará ahí para acompañarnos durante el duro camino. Es una teoría un tanto jipi. Siempre me he imaginado a este profesor tocando la guitarra en misa. Pues resulta que la Iglesia lo ha declarado hereje por defender esta idea, que solo intenta explicar por qué sufrimos y qué nos ayuda a no sufrir tanto. Una vez encendí la tele y estaba Mercedes Milá dando la noticia en el plató de *Gran Hermano*. Me quedé perpleja, aunque ya en aquellos tiempos él contaba en clase que Rouco Varela lo llamaba para saber si asistiría a la Conferencia Episcopal. Su respuesta siempre era que, si lo querían ahí para que hablara de lo suyo, casi mejor que no. Creo que su teología era la menos dañina que pueda defender alguien de la Iglesia.

Yo no tengo nada tan claro. ¡Ojalá! Incluso hay artistas que un día me parecen absolutamente brillantes y al rato un verdadero fiasco.

Me siento a analizar por qué me pasa esto. Aparecen tantas figuras, estilos y propuestas en el arte contemporáneo que puedes estar defendiendo a muerte una obra y luego darte cuenta de que en realidad aquello de arte no tiene nada. Y, al contrario, puede que algo se te atragante en la primera mirada y después, al investigarlo, veas la luz. O puede que esa investigación sea la herramienta perfecta para engañarte a ti misma y a los demás.

Hoy le comentaba a mi madre cómo en cierta ocasión, para defender el trabajo de un famoso artista abstracto español que para ella solo hace manchas, comencé hablando de una lágrima que cae en *El descendimiento de la cruz*, de Van der Weyden, y a partir de ahí hilé mi discurso en torno a su obra. Ella se ha reído porque mi explicación le ha recordado ese chiste del niño que se estudia el tema de la mosca para un examen de naturales y, cuando resulta que el profesor le pregunta por la vaca, él se pone a contar que la vaca tiene un rabo y en el rabo está la mosca y la mosca blablablá.

Sigamos un poco más con el arte. A lo largo de la historia, muchos artistas han hecho de su propio cuerpo una obra de arte en sí mismo.

Así como el paisaje comenzó siendo el *hortus conclusus* de los cuadros renacentistas para ir explayándose hasta tomar plena identidad propia, el cuerpo siempre fue algo que observar, adornar y finalmente operar y flagelar.

En el caso de la artista francesa Orlan, su discurso mantiene que no debemos estar conformes con el cuerpo que nos ha tocado, y su trabajo gira en torno a las modificaciones que se aplica a ella misma mediante cirugías que a veces monitoriza en museos y galerías.

Te guste o no, es indiscutible que Orlan es una de las artistas más importantes del arte contemporáneo. Está claro que pone sobre la mesa (más bien sobre la camilla) todos estos dilemas que plantea nuestra época, al igual que otras creadoras coetáneas suyas. Por ejemplo, Cindy Sherman, quien trabaja sobre las múltiples identidades de la mujer. Esta fotógrafa posmodernista estadounidense se retrata a sí misma, en su famosa serie *Untitled Film Stills*, en una especie de catálogo de fotogramas de cine donde va adquiriendo diferentes personalidades.

El *disfraz* y la actitud, junto con la disposición y el buen ojo de la artista, elevan estas fotografías a la categoría de arte. Son icónicas.

También vale la pena apuntar que entre los manifiestos del arte posmoderno podemos incluir perfectamente el estribillo de la canción «Material Girl» de Madonna: «We are living in a material world / And I am a material girl». Solo con esos versos, la reina del pop ya lo dice todo acerca de lo que se cuece en el movimiento posmoderno.

Ya no hay diferencia entre arte y vida, entre lienzo y cuerpo. La fantasía lo empapa todo. Todo el mundo quiere ser icónico. Antes nos conformábamos con un rato de esa fantasía: una calcomanía, una fiesta de disfraces, una boda, una actuación…, pero ahora, si algo te resulta una fantasía atractiva, lo introduces en tu día a día hasta convertirlo (o eso crees) en parte de tu personalidad. Hay muchos perfiles de Instagram que presentan a personas *disfrazadas* y con cierta actitud en las fotografías. Gente que quiere ser esa gente que aparenta en la red. ¿Se pierde la magia cuando esta estrategia se vuelve constante, o la verdadera magia consiste en convertirla en realidad?

Volvemos al tema del disfraz. Nunca sabremos los límites.

Marina Abramović es una famosa *performer*, nacida en Belgrado, que parece que ha tomado nota de Orlan paralizando su expresión a base de no sé si operaciones o de bótox. Me parece increíble que una persona que ha realizado obras muy importantes de la historia del arte contemporáneo, de una profundidad emocional tan relevante, tenga ahora pánico a envejecer e incluso se ponga a vender cremas. Qué necesidad, Marina, qué necesidad.

Siempre la he admirado muchísimo, sobre todo por sus trabajos de los años setenta, hasta que realizó una obra con Lady Gaga que me pareció una auténtica tomadura de pelo, más cerca de un *Celebrities* de Muchachada Nui que de ser arte.

Por otra parte, el artista madrileño David Nebreda fotografía su cuerpo modificado en un trabajo que también sobrepasa los límites de la salud física por su extrema delgadez, alcanzada a través de ayunos. También se retrata haciéndose daño, clavándose agujas en partes tan sensibles del cuerpo como los genitales, o junto a sus propios excrementos.

Hay mucha gente que presume de estabilidad mental y también se perfora los genitales. No soy nadie para juzgar, pero madre mía, qué putos subnormales.

Las fotografías de Nebreda son muy impactantes porque en ellas se refleja un gran dolor que va más allá del cuerpo. Sufre esquizofrenia, pero eso no ha sido impedimento para la creación artística, sino todo lo contrario.

El arte contemporáneo no tiene por qué ser un ejemplo de moral o ética para nadie. Esos eran otros tiempos. Lo importante es que el espectador se cuestione principios establecidos anteriormente.

En cualquier planta de psiquiatría donde tratan la anorexia se pueden encontrar también este tipo de cuerpos esqueléticos, pero Nebreda convierte el suyo, gracias a un halo de genialidad propiciado por el conocimiento de otras realidades, en algo que admirar, aunque por otra parte te produzca rechazo.

No escribe un blog para decirte qué hay que hacer para vomitar sin que te vean. No te invita a hacer lo mismo que él. Simplemente ofrece una visión de su realidad y la presenta como algo muy duro y doloroso, reflejando muy bien la angustia que producen las enfermedades mentales.

La artista finlandesa Iiu Susiraja también fotografía su cuerpo obeso, en el que ha introducido objetos en sus orificios o entre sus pliegues. En este caso, el humor es la tónica dominante. Coloca escobas bajo sus pechos, aparece desnuda en diferentes actitudes y estancias de la casa. No hay dolor en su trabajo. Su cuerpo también está modificado a través de aquello que ha creado sus lorzas. Quizá tenga más de cinco, y no parecen importarle. Por eso es tan valioso su trabajo. Una exposición individual en el MoMA bien vale que hordas de puristas de la línea te llamen *gorda*.

A mí sus fotografías me apasionan. El trabajo de todos estos artistas me gusta. Quizá el de Nebreda sea el más impactante por su dureza, pero Susiraja tiene el humor necesario para mucha gente con sobrepeso, amargada por culpa de una sociedad superficial que no te deja vivir si te sales del molde.

Ya está bien de tanto drama, la verdad.

Por otra parte, y ya a modo de anécdota, el artista español Abel Azcona también crea obra a través de su cuerpo, prostituyéndose o realizando una serie de acciones que revelan un trauma infantil que él mismo pone sobre la mesa. También tiene trabajos que denuncian la pederastia en la Iglesia, por los que ha sido demandado. El humor también forma parte de su trabajo, prueba de ello es que se tatuó alrededor del ano «Make America Great Again» como forma de protesta contra Donald Trump. Quizá él no lo venda como una acción que provoque risa, sino como algo muy serio. Pero es que no hay nada más serio que el humor. Ese tatuaje casi me hace olvidar las alas de ángel que lleva en la espalda y que, para mí, son el tatuaje más pretencioso que existe en el mundo. Claro que, con esa frase grabada en el orto, me ha ganado por completo.

El otro día lo vi en unas fotos de estudio, retratado en el regazo de Marina Abramović. Está claro que es su descendiente más directo en cuanto a performarse. Espero que Abel nunca venda cremas. En todo caso, que anuncie Hemoal con la imagen del tatuaje en su ano.

En definitiva, más allá del mundo del arte, vivimos en una mentira muy bien hilada, en la que la libertad es una cárcel, la felicidad un coche caro, el éxito pasa por el número de *likes* y el amor necesita manual de instrucciones.

Hablemos también del auge del suicidio. ¿Acaso todos estos valores de mierda que nos envuelven no nos empujan a él? Al no lograr alcanzar aquello que piensas que te dará la felicidad, el sufrimiento se torna de tal dureza que quieres morir.

Y aquí hay que tener mucho cuidado, porque es una frontera que no tiene vuelta atrás. Pero ¿cómo vas a frenar el odio de un chico gordo por su cuerpo si todo está dirigido a que piense que por culpa de su aspecto no tiene ningún valor como persona? Por mucho que digan sus padres o su terapeuta, la realidad es esa. Bueno, no *la realidad*, sino la opinión de la mayoría aplastante de la sociedad.

Estaría bien que dejasen de importarnos las opiniones ajenas. A veces son tantas las que coinciden en el mismo criterio que es normal que te hagan dudar de tus ideas: tantos imbéciles juntos no pueden estar equivocados.

¿Acaso alguien en algún lado está ayudando a los adolescentes a forjarse un criterio propio? Quizá alguna profesora lo intenta, pero esa profesora tiene que enseñar un temario obligatorio en poquísimo tiempo y no puede detenerse a hacer algo tan necesario como explicar a sus alumnos que no hay nada más importante que el pensamiento, mientras ellos miran de reojo su Instagram y ven lo mucho que reflexiona Dulceida sobre la guerra de Gaza y lo mal que le va.

¿Hay alguien que les haga ver a los niños que se tienen que querer y aceptar como son cuando todo los lleva a necesitar ser diferentes, no de la masa, sino de ellos mismos?

El fenómeno está ahí, patente. Latente. Me alegro de no tener hijos por cosas así. Sería muy duro de llevar para mí.

Además, hoy se valida el sobrepasar cualquier límite con argumentaciones que a primera vista logran parecer válidas en nombre de la libertad. ¿Que alguien quiere engendrar los hijos de otro por dinero? Pues claro que sí, joder. Cómo no. Qué moral ni qué niño de encargo. Cuando era pequeña soñaba que en el futuro íbamos a vestir de plateado, no que se fuesen a vender niños.

Todo es vendible y te dicen que la gente lo hace porque es libre de hacerlo. Al parecer, que esa gente tenga unas necesidades básicas que cubrir y para ello necesiten un dinero que no tienen no está para nada relacionado con esta hermosa libertad vestida de Zara que guía al pueblo enseñando un pecho siliconado de una talla que supera la copa de las tetas de Lolo Ferrari.

Están los que modifican su cuerpo con dinero, para ganar más o tener más éxito, poder, fama o prestigio, y quienes también lo hacen por dinero, pero simplemente para poder seguir viviendo.

No me puedo creer que hayamos sobrepasado un límite tan claro como el de no comprar niños. Y aquí estamos, debatiéndolo como si existiese algún argumento capaz de justificar ese horror. Por ejemplo, cuando al presidente de Argentina le preguntaron si estaba de acuerdo con venderlos, contestó que *depende* y se puso a citar premios Nobel de Economía.

Pronto también seremos libres para vender nuestras extremidades u órganos si alguien está interesado en ellos. Hemos convertido el cuerpo en mercancía, y no hace falta llegar a esos extremos para darnos cuenta. Yo, desde luego, atisbo la imposición de este nuevo paradigma varios pasos antes. Pero, como siempre, el límite lo pone cada uno (o sea, el dinero que a cada uno le haga falta).

También la cosificación nos hace libres. Sobre todo, la autocosificación, el presentarte como un objeto de consumo y estar convencida de que lo haces porque quieres, desde la libre elección. Un día defiendes que las artistas actuales enseñen todo el cacho que les venga en gana y otro día te das cuenta de quiénes son las que repiten esos patrones y de quiénes sufren por no poder repetirlos. O dejas que eso marque el canon de tu cuerpo o estás fuera, lejos de lo deseable para la mirada masculina.

Ser deseable por cómo te comportas o cómo piensas es algo que no funciona al primer golpe de vista. Menos mal que hay personas a las que no les convence tan solo lo inmediato. Pero esta sociedad es una sociedad de consumo. Claro que hay individuos que no van en la misma corriente, pero son los menos.

Además, hay que consumir rápido porque pronto vendrán cosas mejores, más sofisticadas, más caras, con nuevas aplicaciones y colores, más inalcanzables, y también próximos traumas que solucionar si eres incapaz de conseguirlas. Hay un montón de gente por ahí con teléfonos que valen 1.500 euros. Y parece normal. Es más, qué menos que ser dueño de un iPhone si quieres acceder a ciertos círculos sociales. Al mismo tiempo, hay cuerpos que no valen 1.500 euros. Algunos de ellos, durante lo que tardan en hacer una mamada, solo valen 50 o menos.

¿Cómo se podría valorar un cuerpo? Ya sabemos que a granel sería indirectamente proporcional y que la autenticidad de las partes ya da igual. Vales más cuanto más te parezcas a una persona que *vale* mucho. Y cuando digo *vale* me refiero a lo que tiene o aparenta tener. Así de triste.

La copia de la copia. Y si alguien se sale del molde, pronto tendrá copias. Hasta el infinito. Hasta que solo valga ser como dos o tres opciones de *persona* nada más. Tanta tabarra con la diversidad y al final esta brilla por su ausencia. No se puede hablar de diversidad solo en términos de los colectivos LGTBIQ+ o raciales, debemos ampliarlo a todas las personas que comparten un mismo contexto.

Nadie controla esto y, de hecho, nadie lo debe controlar. Tendría que salir de uno mismo, pero tampoco sale. Estamos abocados al fracaso de que la mayoría de las personas quieran tener su propia apariencia y forma de pensar.

Hasta los cíborgs van a ser más diferentes entre ellos que las propias personas. Y eso que se fabricarán en serie.

Los cuerpos se mueren, pero las ideas permanecen, para bien y para mal.

Aquella máxima barroca según la cual «desde que nacemos empezamos a morir» tiene muy presente el *tempus fugit*. La vida va muy rápido para que fijes todos tus objetivos en un cuerpo que no para de pudrirse a cada décima de segundo.

¿Qué sentido tiene? ¿Queda algo que se rija por el sentido? ¿Queda sentido?

Parece que no. Es imposible luchar contra un montón de mierda de esas dimensiones. Y aun así, aquí estamos. «El romanticismo me llevó a la ruina», escribí una vez en un post de Facebook. El artista Juan de la Rica contestó: «Y viceversa».

Pues sí: que creas en ti, en tu trabajo, en tu voz, que estés en paz con tu cuerpo, que hayas superado roles estúpidos, que te cuestiones lo que ocurre a tu alrededor, todas estas son cosas muy enriquecedoras que rara vez te ayudarán a tener la nevera llena. Ni mediada.

Siempre hay que pasar por algún tipo de aro. Físico o metafísico o de ambos tipos, como nuestras lorzas.

Justo ahora acabo de acariciar las mías durante una pausa para relajar los brazos. Son suaves y blanditas, pero suscitan odio. Como un cachorro, suave y blandito, que hay quien lo ve y elije torturarlo por el simple hecho de hacer el mal. De odiar gratuitamente. Porque en esta vida todo se vende y se compra, pero el odio es gratis para que a nadie le falte su buena porción.

Como buen ilustrado, Goya siempre hablaba en sus pinturas de la justa medida. El término medio, el recto obrar. Imposible hacer caso a esas consignas en los tiempos que vivimos. El término medio se confunde con la mediocridad y el recto obrar no existe porque la moral va de un lado a otro según convenga. Se mueve en zigzag. Por lo que no se sabe ya qué es lo malo, no se sabe lo que es correcto, no se sabe quién es uno, no se sabe quién es el otro, no se sabe quién está en el reflejo que te devuelve el espejo, ni quién te brinda ayuda o te quiere hacer daño; no se sabe de límites, no se sabe de lógica, no se sabe de educación, pero se sabe perfectamente que tanto tienes, tanto vales, y que todo lo demás da igual.

Con dinero puedes ser esa idea de ti mismo que tú crees tan auténtica. La autenticidad a golpe de talonario es una mentira, porque tú eres una persona, no un bolso de Louis Vuitton.

Ahora que uno de los temas principales del debate público es la identidad, resulta que hay más personas que nunca que no se identifican con ellos mismos. La identidad forma parte de la fantasía. Quizá esto sea lo que más me gusta de esa postura: la fantasía.

A veces, mientras escribo esto, paro de teclear ante la imperiosa necesidad de agarrarme las tetas. Es una forma de anclarme un rato dentro del relato. La relatividad del pensamiento posmoderno es infinita y eso abruma. Puedo estar desarrollando el corpus de este ensayo y al segundo pensar todo lo contrario. Agarrarme las tetas es aprehender una certeza. Y ahora la necesito, aunque sea para ir en contra de ella.

Dar rienda suelta a la fantasía con tu cuerpo te hace cambiar de color de pelo, de uñas, de ropa; tatuarte, moldearte... Pero fantasear que tienes la cara de otra persona y hacer de eso un cambio perpetuo es otra cosa.

Las operaciones se parecen a la depilación en tanto que, cuando empiezas por una zona, después tu cuerpo te pide más alteraciones para que el conjunto esté en consonancia.

Entonces ya es un no parar que solo dependerá de hasta dónde te alcance el presupuesto. A veces el deseo es más fuerte que el poderío económico, así que la gente se arriesga con personas que no son profesionales y las dejan echas un cisco.

Un día, desayunando en un bar de Liérganes (Cantabria), vi que en la tele salía un chico al que le había deformado la cara un esteticista que le prometió que se parecería a Brad Pitt tras pasar por sus manos en un cuartucho de esos donde te hacen la cera por dos duros, sin las medidas de higiene propias de un quirófano ni nada que se le pareciera. Menuda osadía la de aquel esteticista que se creyó a la altura de un cirujano plástico.

Cada vez abundan más la cirugía *low cost* y los estragos que provoca. Ahora bien, la cirugía supuestamente de nivel alto tampoco es milagrosa del todo: hasta un buen médico tiene días malos. Aunque he realizado actividades peligrosas en varios momentos de mi vida, meterme en un quirófano por voluntad propia no es una de ellas.

Para mejorar como persona hay que mejorar el trato que tienes para contigo y con los demás. Parece mentira que un hecho así de evidente suene tan romántico y utópico. Estamos perdidos. Hemos llegado al punto de que, si digo que lo importante es trabajar la autoestima con base en cómo eres y no a lo que querrías ser, casi parece que me haya convertido en una de esas monjas que nos soltaban el tópico de que la belleza está en el interior.

Ser auténtico es en el siglo XXI una cuestión de clase. De no tener clase, me refiero.

Los límites de las modificaciones corporales van en paralelo a la subnormalidad de la gente. Cuanto más te transformes, más subnormal eres. Y siento si le hago daño a alguien, pero en esta vida no se puede contentar a todo el mundo. Como gorda también creo que si te dejas llegar a los trescientos kilos eres bastante subnormal, porque eso te va a impedir realizar tareas básicas y te generará dependencia. No se pueden hacer escalas de los límites, cada persona es un mundo, pero de verdad no creo que una persona sea más auténtica cuanto más se parezca a lo que sueña que es, ni tampoco cuanto más natural se muestre. ¿Es más auténtico un hombre que ha decidido que quiere comprarse un coño sí o sí? ¿Acaso es más auténtica una persona sin tatuajes que una que los lleve? Es todo pura apariencia y no podemos basar la autenticidad en ella. Desde luego, cinco lorzas nunca van a ser el impedimento para serlo. Una pista sobre la autenticidad de una persona está en aquello que se le pasa por la cabeza antes de dormir.

Y cada uno sabrá lo que es.

Índice

NMK*

* Una serie que acoge textos breves sobre asuntos variopintos con un juego como caprichoso hilo conductor: con cada título los autores aludirán a un número libre de argumentos (tres, veinte o cinco mil) alrededor del tema que elijan.

1. *Un brindis per Sant Martirià*, Albert Serra
1. *Un brindis por San Martiriano*, Albert Serra
2. *Artaud, cruz entre dos rostros*, Arnau Pons
3. *Mester de batería. La tríada en el texto*, Ce Santiago
5. *Cinco lorzas metafísicas*, María von Touceda
8. *Ocho entrevistas inventadas*, Enrique Vila-Matas
9. *Nueve cantares para Yung Beef*, Manuela Buriel
66. *Seixanta-sis sinofosos*, Adrià Pujol Cruells
124. *Ciento veinticuatro huecos*, Begoña Méndez
144. *Las ciento cuarenta y cuatro páginas*, Alfonso Barguñó

Esta primera edición de
Cinco lorzas metafísicas,
cuadragésimo primer título de H&O Editores,
consta de 750 ejemplares y se entregó
a imprenta en Sant Esteve Sesrovires
el 15 de julio de 2024,
no por casualidad mientras los nazis
y los gymbros asaltaban Europa.

«La nuestra es una época
en la que los actos más sanos
y los más insanos pueden tener
las mismas motivaciones.»

René Girard